U0731498

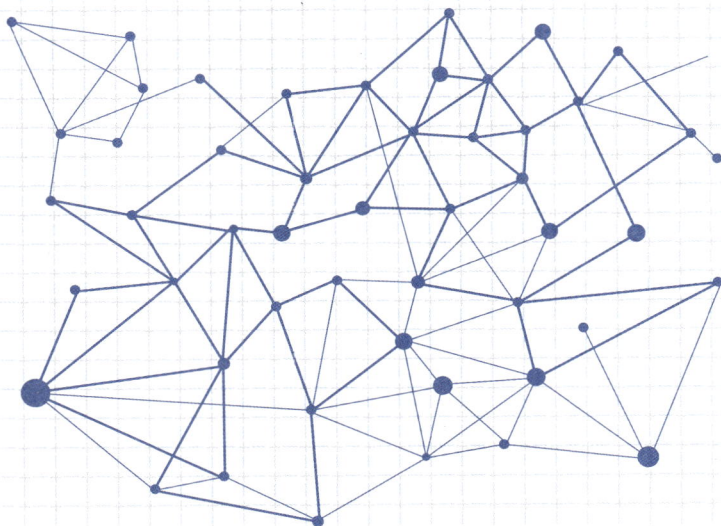

区块链解密

构建基于信用的下一代互联网

黄步添　蔡亮／编著

清华大学出版社

北京

内 容 简 介

　　这是一本全面深入阐述区块链技术的书籍，书中重点阐述了区块链的实现原理、共识机制、应用场景以及未来发展方向。

　　本书共5章，主要内容为：从比特币以及区块链的发展历程与原理等方面介绍区块链的起源与成功应用；从区块链与传统行业、人工智能、金融、大数据等方面的结合，描述了区块链能为人们带来的巨大技术变革；介绍了区块链技术的主要应用场景及相应案例，包括存在性证明、智能合约、供应链、身份验证、资产交易、预测市场、电子商务、物流、文件存储、医疗等；从原理、技术创新、发展等方面介绍了当下成功的区块链技术实践项目，包括以太坊、公证通、比特股、瑞波以及超级账本；从区块链网络自身的演化、物联网、互联网等方面描绘了区块链技术的未来蓝图——构建基于信用的下一代互联网。

　　本书适合希望全面了解区块链技术全貌及具体应用场景的读者。

本书封面贴有清华大学出版社防伪标签，无标签者不得销售。

版权所有，侵权必究。侵权举报电话：010-62782989　13701121933

图书在版编目（CIP）数据

　　区块链解密：构建基于信用的下一代互联网 / 黄步添，蔡亮编著. — 北京：清华大学出版社，2016（2018.3重印）

　　ISBN 978-7-302-45027-6

　　Ⅰ.①区…　Ⅱ.①黄…　②蔡…　Ⅲ.①电子商务—电子支付—研究　Ⅳ.①F713.361.3

　　中国版本图书馆 CIP 数据核字（2016）第 218979 号

责任编辑：杨如林
封面设计：杨玉兰　刘青露
责任校对：徐俊伟
责任印制：李红英

出版发行：清华大学出版社
　　　　网　　　址：http://www.tup.com.cn，http://www.wqbook.com
　　　　地　　　址：北京清华大学学研大厦 A 座　　　　邮　　编：100084
　　　　社 总 机：010-62770175　　　　　　　　　　　邮　　购：010-62786544
　　　　投稿与读者服务：010-62776969，c-service@tup.tsinghua.edu.cn
　　　　质 量 反 馈：010-62772015，zhiliang@tup.tsinghua.edu.cn
印 装 者：三河市君旺印务有限公司
经　　销：全国新华书店
开　　本：170mm×240mm　　印　　张：15.5　　字　　数：228 千字
版　　次：2016 年 12 月第 1 版　　印　　次：2018 年 3 月第 3 次印刷
印　　数：5501～7500
定　　价：49.80 元

产品编号：070683-01

编委会

主　　编：黄步添　蔡　亮

撰　　写：王　毅　陈建海　刘振广　李启雷　龚建坤

盛远策　陈　颖　刘嘉陵　梁　然　张泽恩

少　平　曹　寅　王英健　吴思进　姜　疆

王从礼　俞之贝　毛道明　王云霄　张维赛

郑徐兵　姜集闯　李　伟　邓　旭

审　　校：王从礼　黎晓飞　杨正清

序

记得一年多以前，在和来自中国大陆的同事们讨论Blockchain的时候，这个词似乎还没有一个约定俗成的中文译名。现在，"区块链"（Blockchain）已经是技术领域中最热的词汇了。目前，中国在区块链和分布式账本（Decentralized Ledger）等领域已经处于领先地位，其主要原因在于中国拥有大量密码学和金融技术（FinTech）领域的人才。从我第一次到中国讲授有关区块链的课程以来，在短短的时间内，我就发现中国政府和企业对这一领域倾入了前所未有的关注，大量区块链加速器（Accelerator）如雨后春笋般地成长了起来。

对那些希望能更深入地了解区块链和分布式账本的读者来说，黄步添博士的这本专著来得非常及时。本书覆盖了这一领域的各类课题，能帮助读者从技术层面上进一步了解相关课题。同时，对于普通读者来说，本书的讲解又能做到深入浅出。这本专著对于中国读者来说，是原创性和综合性的，几乎对所有区块链的相关概念都进行了讨论，而且，所讨论的课题很前沿，包括以太坊（Etheruem）、分布式自治组织（DAOs），以及智能合约（Smart Contract），等等。

如果通过分布式网络（Distributed Network）进行P2P支付，在这过程中，信任就不是必需的了，这种想法在比特币的原始投资者中广为流传。实际上，非中心化（Not Centralized）的网络是最理想的。在集中化系统（Centralized System）中，每个节点都有不同的信息和支持不同的计算能力，要替代它几乎是不可能的。一直以来，替代传统的集中化系统，也只能是个理想而已。比特币是由一小群人，或者说是一个人发明的。它之所以能吸引那么多人的关注，主要是因为其高度的复杂性和适应性，这使得替代集中化系统成为可能。但是，即便不从技术角度讲，中本聪（Satoshi Nakamoto）这个名字本身也很有意思，是三星（SAmsung）、东芝（TOSHIba）、中道（NAKAmichi）和摩托罗拉（MOTOrola）的起首发音的组合。如果直接以日语汉字来解释，意思是：中国人本来就聪明。这赋予了这个名字更多的神秘感，弄得绝大部分人根本不知道中本聪到底是谁。

随着人工智能领域技术的进步和计算机处理能力的提升，大家相信，有朝一日，机器会主宰人类。这可能超出了最初从事人工智能的科研人员的考虑范围，但是现在看来，在未来的某个时间点，这是有可能发生的，科幻小说已经给人们做出非常详尽的描述了。因此人们产生了这样的思想：加密技术是用来保护人类的。在20世纪90年代，在这个领域中活跃着一群自称为密码朋克（Cypherpunks）的人，他们受到黑客传统与自由主义思想（Libertarian Ideas）的影响。他们相信，在电子时代的开放社会，隐私依然是绝对必要的。他们不认为集中式系统在未来能够保障个人隐私。他们倡导的是人民应当捍卫自己的隐私权，并且通过编写具有这样功能的代码来实现这一目标。也许，他们相信当网络朋克（Cyberpunk）的小说会变成现实，在机器主导世界的情况发生时，这么做至少能在某种程度上更好地保护人类的尊严。他们相信加密与解密将是一场"魔高一尺，道高一丈"的持久战，这场斗争的结果将决定未来人类将享有多大程度的自由。对他们来说，为了人类的自由，他们是愿意承担一定的风险的。密码朋克（Cypherpunks）是密码（Ciphers）和网络朋克（Cyberpunks）两个词结合在一起产生的，从1992年9月开始就有人使用这个词了。现在密码朋克指的是一个崇尚通过加密技术来推动社会变革的社交网络群体。

2014年，我第一次在硅谷就政府在这个生态系统（Eco-system）中的重要角色做主题演讲，大家好像都听不太进去。新加坡管理大学通过网络播客（Podcast）推送了演讲，之后新加坡沈基文金融经济研究院（SKBI）又举办了世界第一场加密货币国际学术会议，分布式账本研究社区中的很多人才开始被说服，大家认为技术可以帮助企业降低成本，提升效率。因为我们可以通过技术来保护生态系统的完全可信，而不必再去判断对方是否值得信任。后来，我又参加了一系列有关电子支付和金融技术的访谈和论坛，进一步论述了技术有推动普惠社会的效能，可以为没有充分获得银行服务的和完全得不到银行服务的群体提供低成本的基本服务，这些论述开始得到业界的重视。

黄步添博士在本书中汇总了诸多与区块链相关的课题，在其完整论述的基础上，我们可以借用上海交通大学海外教育学院周亚莉老师为我在"领航+高管前沿人才培养计划"课程的开幕演讲中所撰写的总结文稿加以概述：

（1）当前金融体系仍主要靠加强中心化来解决信任问题。为维护信任，在金融业的发展历程中，催生了大量的中介机构，包括托管机构、第三方支付平台、公证机构、银行、政府监管部门等。但中介机构处理信息仍依赖人工，且交易信息往往需要经过多道中介的传递，使得信息出错率高，且效率低下。在实践中，权威机构通过中心化的数据传输系统收集各种信息，并保存在中心服务器中，然后集中向社会公布。中心化的传输模式同样使得数据传输效率低、成本高。

（2）区块链是基于共识机制建立起来的，由集体维护的分布式共享数据库。它具有非中心化、去中介化、无须信任系统、不可篡改、加密安全、交易留痕并可追溯、透明等优点，可以有效绕过诸多中介，降低沟通成本，提高交易效率，快速确立信任关系或在交互双方未建立信任关系时即达成交易，进一步靠近了金融的本质属性和内在要求。

（3）目前，区块链技术在数字货币、信贷融资、支付清算、数字票据、证券交易及登记结算、代理投票、股权众筹、跨境交易、保险经纪等方面，已从理论探讨走向实践应用。上述领域的共同特点是对信任度要求高，而传统信任机制的成本居高不下。

（4）以比特币为代表的数字货币是区块链技术最为成功的运用。比特币与传统纸币相比，发行数字货币能有效降低货币发行及流通的成本，提升经济交易活动的便利性和透明度。这种数字货币具有超币种、超国界、超主权、实时结算的特点，一旦在全球范围实现了区块链信用体系，数字货币自然会成为类黄金的全球通用支付信用。

（5）与现有的传统支付体系相比，区块链支付在交易双方之间直接进行，不涉及中间机构，即使部分网络瘫痪也不会影响到整个系统的运行。如果基于区块链技术构建一套通用的分布式金融交易协议，为用户提供跨境、任意币种实时支付清算服务，则跨境支付将会变得便捷高效和成本低廉。

（6）区块链技术被视为下一代价值互联网的主要协议之一，任何需要或者缺乏信任的生产和生活领域，区块链技术都将有用武之地。从数字货币到证券与金融合约、互助保险、教育、所有权登记、转让、博彩、防伪、物联网、智能合约，甚至旅游，还可以在公益及社会治理领域如身份认证、司法仲裁、投票、健康管理、人工智能，以及非中心化的社会组织等领域中进行广泛应用，这将会极大地改变甚至颠覆我们未来的生活。

在黄步添博士的这本专著中，您可以看到：

第1章　从区块链的起源与成功应用——比特币以及区块链的发展历程与原理等方面介绍区块链。

第2章　从区块链与传统行业、人工智能、金融、大数据等领域的结合，描述了区块链能为人们带来的巨大技术变革。

第3章　介绍区块链技术的主要应用场景及相应案例，包括存在性证明、智能合约、供应链、身份验证、预测市场、资产交易、电子商务、文件存储、物流、交易所、医疗应用等。

第4章　从原理、技术创新、发展等方面介绍了当下成功的区块链技术实践项目，包括以太坊、公证通、比特股、瑞波以及超级账本。

第5章　总结全书，从区块链网络自身的演化、物联网、互联网等方面描绘了区块链技术的未来蓝图——构建基于信用的下一代互联网。

但是，我对大家常用的"去中心化"这个词有些不同的看法。因为对于这个词的解读，很难区分到底是要"摒弃集中化授权"还是建立"分散化设置"。中文的直译似乎不能很准确地表达其内在含义。我更倾向于使用"非中心化"（Not Centralised），而不是"去中心化"（DE-Centralised）。在汉语里，与"中心化"相对的应该是"非中心化"，也就是说"不是集中式的"，而不是要摒弃中心化的"去中心化"，是"非中心化"而不是"去中心化"。"非中心化"的每个节点之间，仍然可以有"迷你中心化（Mini Centralization）"。总之，可以认为这个"去中心化"表达的是一种"分散式的"含义。最近的研究表明，如果比特币挖矿在每个节点的计算能力也都能保持一致，那么没有哪一个节点会比其他节点更有优势，"迷你中心化"也就不会发生。这样，也许我们就有了一种理想的状态：分布式系统（Distributed System）。

我希望在以后的著作和文献中，学者们应该考虑对现有词汇的翻译进行调整，不然容易混淆重要的概念。"去中心化系统"这样的提法，也会给人们带来类似于完全"无需治理"的想法，这是不正确的。即便是在一个完全分布式的系统中，仍然会由"核心开发者""授权开发者"或者"认证开发者"来编写代码。然后，由挖矿人、股东或代币持有人（Token Holders）来决定新的治理结构或者代码是否可以被接受。虽然不需要介入软件下载，但是如果没有新的法律或者治理结构来应对这些问题，核心开发者仍然可能会面对尚不明确的法律责任。在这一领域，代码是法律，还是法律是代码？这个问题目前还没有讨论清楚。这就给可能的司法诉讼埋下了伏笔。同时，只要我们在区块链环境中还能够追踪并确认个人或者实体的身份，那么这个系统就不是真正的匿名系统而只是P2P匿名系统。讽刺的是，区块链的出现虽然是密码朋克社区的重大贡献，但是，完全的非中心化和分布式可能不会真正产生。此外，因为区块链高度透明，有可能带来和人们期望完全相反的结果，更高程度的集中化和中央控制是有可能会在分布式账本系统中出现的。但是，这一点也不会动摇密码朋克社区为此付出努力的决心，可以肯定地说，保护人类在由机器主导的世界中的尊严，是一个高尚而值得探索的目标。也就是说，最理想的完全摒弃集中化授权的分布式系统，也许只在理论中存在。

信任是个稀有的资源，上述区块链的特点补充了我们现在以技术、平台、数据为基础所建立的信任系统。书名《区块链解密：构建基于信用的下一代互联网》充分反映了很多专家对区块链的评价。黄步添博士的著作出版得非常及时，大家应该都看一看，非常高兴我能有幸为本书作序。在此向云象区块链和黄步添博士致以最美好的祝愿。

李国权

新加坡新跃大学（SIM University, Singapore）金融科技与区块链教授

美国斯坦福大学2015 Fulbright学者

新加坡经济学会副会长

互联网领域最知名的"预言家"凯文·凯利在《失控》一书中指出，未来世界的趋势是去中心化的。亚当·斯密的"看不见的手"就是对市场去中心化本质的一个很好的概括。点与点之间直线距离最短，人与人之间沟通的最佳模式也应该是直接沟通，无论从哪个方面切入，去中心化的市场本质都是无可辩驳的。

我们可能正面临一场革命的晨曦，这场革命始于一种新的、边缘的互联网经济。世界经济论坛（即达沃斯论坛）创始人克劳斯·施瓦布（Klaus Schwab）说："自蒸汽机、电和计算机发明以来，人们又迎来了第四次工业革命——数字革命，而区块链技术就是第四次工业革命的成果。"区块链作为下一代的可信互联网，必将颠覆所有在其之上的业务，让整个基于互联网的企业、生态、产业链彻底做一次变革创新。

马云曾经说过："很多人还没搞清楚什么是 PC 互联网，移动互联网来了，我们还没搞清楚移动互联的时候，大数据时代又来了。"现在，我们是否可以在后面加上一句："人们还没搞清楚大数据是什么，区块链又来了。"威廉·吉布森曾说过："未来已经发生，只是尚未流行。"相信区块链技术能够引领未来 5 ～ 10 年的计算机和互联网领域的发展，我们已隐约能听见不远的未来，由区块链技术掀起的革命的滚滚风雷。

首先感谢清华大学出版社的大力支持，才会促成本书的出版。本书全面阐述了区块链的技术原理、应用场景，以及未来的发展方向。盛远策、王从礼、毛道明、王云霄、张维赛等参与了第 1 章的编写工作；王毅、李启雷、姜集闯等参与了第 2 章的编写工作；王英健、吴思进、姜疆、龚建坤、王从礼、陈颖、俞之贝等参与了第 3 章的编写工作；刘嘉陵、梁然、张泽恩、少平等参与了第 4 章的编写工作；曹寅、郑徐兵、盛远策、李伟、王毅、邓旭等参与了第 5 章的编写工作。

特别感谢新加坡经济学会副会长李国权教授为本书作序，浙江大学何钦铭教授、教育部长江学者陈积明教授、陈文智教授、纪守领教授以及新加坡国立大学 Roger Zimmermann 教授等对云象区块链团队的大力支持，以及云象区块链的王备博士、王津航博士、石太彬、杨文龙、温琪、朱纪伟、王光瑞、候文龙等专家的参与。

希望本书的出版，能为广大区块链技术爱好者和创业者提供帮助。

编者　黄步添

目录

|177|　第5章　走向未来之路

区块链之前世今生

1.1

比特币

1.1.1 产生背景

比特币（Bit Coin）的概念最初是由中本聪[①]在2008年发表的论文《比特币：一种点对点的电子现金系统》[1]中提出的。这种电子现金系统起始于按中本聪的思路设计、发布的开源软件及建构于其上的P2P（Peer to Peer）网络。比特币是一种P2P形式下的数字货币。点对点的传输意味着一个去中心化的支付系统。

与大多数货币不同，比特币不依靠特定的货币机构发行，它依据特定算法，通过大量的计算产生。比特币经济是指通过使用整个P2P网络中众多节点构成的分布式数据库来确认并记录所有的交易行为，并使用密码学的设计来确保货币流通中各个环节的安全性。P2P的去中心化特性与算法本身可以确保任何人都无法通过大量制造比特币来人为操控币值。基于密码学的设计可以使比特币只能被真实的拥有者转移或支付，同时确保了货币的所有权与流通交易的匿名性。比特币与其他虚拟货币最大的不同是其总数量非常有

---

① 中本聪，比特币的创始者。2008年中本聪在互联网上一个讨论信息加密的邮件组中发表了一篇文章，勾划了比特币系统的基本框架，并在2009年为该系统建立了一个开源项目，正式宣告了比特币的诞生。

限，具有极强的稀缺性。该货币系统曾在4年内只有不超过1050万个，之后的总数量将被永久地限制在2100万个。比特币的特性如图1-1所示。

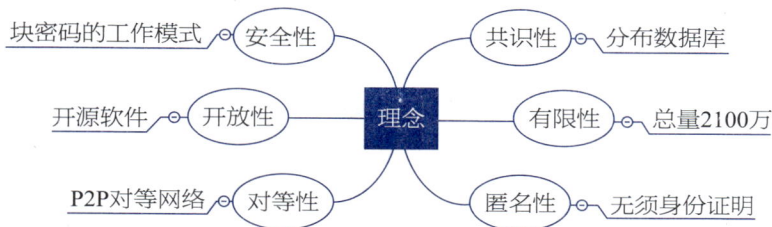

图1-1　比特币的特性

1.1.2　技术原理

比特币网络通过随机哈希值为全部交易加上时间戳，将它们合并入一个不断延伸的、基于随机哈希值的工作量证明（Proof of Work）链条作为交易记录，除非重新完成全部的工作量证明，否则形成的交易记录将不可更改。最长的链条不仅将被作为观察到的事件序列（Sequence）的证明，而且被看做是来自CPU计算能力最大的池（Pool）。只要大多数的CPU计算能力都没有打算联合起来对全网进行攻击，那么诚实的节点将会生成最长的、超过攻击者的链条。

1 交易

交易是比特币系统中最重要的部分。系统中任何其他部分都是为确保比特币交易可以被生成，能在比特币网络中得以传播和通过验证，并最终被添加至全球比特币交易总账本（比特币区块链）。比特币交易的本质是数据结构，这些数据结构中存放的是货币所有权的流转信息，所有权登记在比特币地址上。表1-1给出了比特币交易记录的详细结构。这些信息是全网公开的，以明文形式存储（比特币系统里的所有数据都是明文），只有当需要转移货币所有权时，才需要用私钥签名来验证。

表1-1 比特币交易记录的结构

字段名称	作用	大小
生成时间	本次交易嵌入到区块中的时间	4字节
引用交易的哈希值	本次交易的merkle节点的哈希值，用于确认交易没有被伪造和重复	32字节
交易记录索引编号	该编号作为交易地址查询的入口	4字节
比特币支出地址	记录了本次交易中比特币支出地址的信息	16字节
支出地址数量	本次交易中比特币支出地址的数量	4字节
版本	该比特币协议的版本号	4字节
本次交易的数字签名	记录本次交易的数字签名信息	不确定
比特币接收地址	记录了本次交易中比特币接收地址的信息	16字节
接收地址数量	本次交易中比特币接收地址的数量	4字节
该条记录的大小	记录了本条记录的大小	大于2字节

　　一枚电子货币是这样的一串数字签名：每一位所有者通过对前一次交易和下一位拥有者的公钥（Public Key）签署一个随机哈希的数字签名，并将这个签名附加在这枚电子货币的末尾，电子货币就发送给了下一位所有者，而收款人通过对签名进行检验，就能够验证该链条的所有者，具体交易模式如图1-2所示。

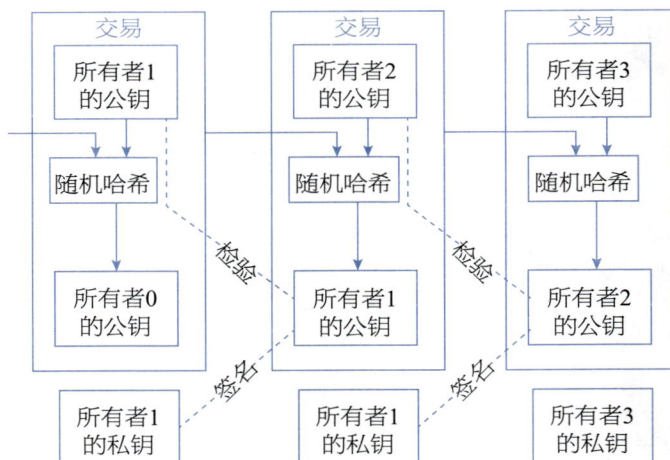

图1-2 交易模式

　　该过程的问题在于，收款人将难以检验之前的某位所有者是否对这枚电子货币进行了双重支付。通常的解决方案是引入可信的第三方权威，或者类似于造币厂的机构，来对每一笔交易进行检验，以防止双重支付。在每一笔交易结束后，这枚电子货币就要被造币厂回收，同时造币厂将发行一枚新的电子货币；而只有造币厂直接发行的电子货币才算作有效，这样就能够防止双重支付。该解决方案的问题在于，整个货币系统的命运完全依赖于运作造币厂的公司，因为每一笔交易都要经过该造币厂的确认，它就像是一家银行。

我们需要收款人能够采取某种方法，来确保之前的所有者没有对更早发生的交易实施签名。从逻辑上看，为了达到目的，实际上需要关注的只是本次交易之前发生的交易，而不需要关注这笔交易发生之后是否会有双重支付的尝试。为了证明某一次交易是不存在的，唯一的方法就是获悉之前发生过的所有交易信息。在造币厂模型里，造币厂获悉所有的交易，并且决定交易完成的先后顺序。如果想要在电子系统中排除第三方中介机构，那么交易信息就应当公开宣布[2]。这就需要整个系统内的所有参与者，都有唯一公认的历史交易序列。收款人需要确保在交易期间绝大多数的节点都认同该交易是首次出现。

2 区块

在比特币网络中，数据以文件的形式被永久记录，这些记录称之为区块。一个区块是一些或所有最新比特币交易的记录集，且未被其他先前的区块记录。可以把区块想象为一个股票交易账本。在绝大多数情况下，新区块一旦被加入到记录的最后（在比特币中的名称为块链），就再也不能改变或删除。每个区块记录了它被创建之前发生的所有事件。

区块主要由两部分构成，即块头和块体。块头用于链接到前面的块并且为区块链数据库提供完整性的保证，块体包含了经过验证的、块创建过程中发生的价值交换的所有记录。具体地讲，每个数据区块包括神奇数、区块大小、区块头部信息、交易计数、交易详情6部分。表1-2描述了数据区块的具体结构[3]。其中，最后一项"交易详情"记录了该区块中的所有交易信息。

表1-2　数据区块的结构

字段	描述	大小
神奇数	总是0xD9B4BEF9，作为区块之间的分隔符	4字节
区块大小	记录了当前区块的大小	4字节
区块头部信息	记录了当前区块的头部信息	80字节
交易计数	当前区块记录的交易数	1~9字节
交易详情	记录了当前区块的所有交易信息	无特定参考值

区块头中记录了版本号、父区块哈希值、Merkle根哈希、时间戳、难度目标、随机数（Nonce）等信息，具体的结构如表1-3所示[4]。随机数（Nonce）是一个挖矿难度的答案，该答案对于每个区块都是唯一的。新区块如果没有正确的答案，是不能被发送到网络中的。"挖矿"过程的本质是在竞争中"解决"当前区块，即确认该区块的记账权。每个区块中的数学问题难以解决，但是一旦发现了一个有效解，其他网络节点很容易验证这个解的正确性。对于给定的区块可能有多个有效解，但对于要解决的区块来说只需要一个解。每解决一个区块，都会得到新产生的比特币奖励，因此每个区块包含一个记录，记录中的比特币地址是有权获得比特币奖励的地址。这个记录被称为生产交易或者Coinbase交易，它经常是每个区块的第一笔交易。

表1-3　区块头部的结构

字段	描述	大小
版本号	版本号用于跟踪软件/协议的更新	4字节
父区块哈希值	引用区块链中父区块的哈希值	32字节
Merkle根哈希	该区块中交易的Merkle树的根哈希	32字节
时间戳	该区块产生的近似时间（精确到秒的UNIX时间戳）	4字节
难度目标	该区块工作量证明算法的难度目标	4字节
随机数（Nonce）	用于工作量证明算法的计数器	4字节

区块哈希值更准确的名称应该是区块头哈希值，通过SHA-256算法对区块头进行二次哈希运算得到。区块哈希值可以唯一、明确地标识一个区块，并且任何节点通过简单地对区块头进行哈希运算都可以独立地获取该区块的哈希值。但是，区块哈希值实际上并不包含在区块的数据结构里，不管该区块是在网络上传输，还是它作为区块链的一部分被存储在某节点的永久性存储设备上时。实际上区块哈希值是当该区块从网络中被接收时，由每个节点计算出来的。区块的哈希值可能会作为区块元数据的一部分被存储在一个独立的数据库表中，以便于索引和更快地从磁盘中检索区块。

由于每一个区块的块头都包含了前一区块的哈希值，这就使得从第一个区块至当前区块连接在一起后形成一条长链，即比特币区块链。第一个区块由中本聪在北京时间2009年1月4日02:15:05创建，该区块也被称为 "创世区块"（Genesis Block）[5]。新版本的比特币系统将它设定为0号区块，而旧版本的比特币系统设定它的序号为1。它是比特币区块链里所有区块的共同祖先，这意味着从任一区块循链向前回溯，最终都将到达创世区块。每一个节点都"知道"创世区块的哈希值、结构、被创建的时间和里面的一个交易。因此，每个节点都把该区块作为区块链的首区块，从而构建成了一个安全的、可信的区块链的根。

3 时间戳服务器

比特币的本质是构造了一个永不停息、无坚不摧的时间戳系统。时间戳服务器通过对以区块形式存在的一组数据实施随机哈希运算，并加上时间戳，然后将该随机哈希值进行广播，就像在新闻或世界性新闻网络组的发帖一样[6]，如图1-3所示。显然，该时间戳能够证实特定数据必然于某特定时刻是的确存在的，因为只有在该时刻存在了，才能获取相应的随机哈希值。每个时间戳应当将前一个时间戳纳入其随机哈希值中，每一个随后的时间戳都对之前的一个时间戳进行增强，这样就形成了一个链条[7~9]。

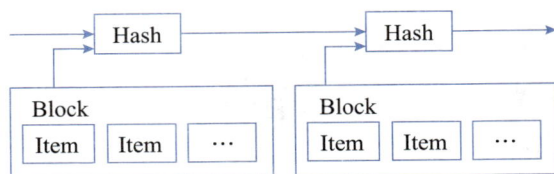

图1-3　时间戳服务器工作示意图

4 双花问题

加密数字货币和其他数字资产一样，具有无限可复制性的缺陷，例如同一个文件可以通过附件的形式保存并发送任意多次。如果没有一个中心化的机构，人们无法确认一笔数字现金或资产是否已经被花掉或提取。为了解决"双花"问题，可以通过可信赖的第三方机构保留交易总账，从而保证每笔现金或资产只被花费或提取过一次。在区块链中，每一个区块都包含了上一个区块的哈希值，从创始区块开始链接到当前区块，从而形成块链。每一个区块都要确保按照时间顺序在上个区块之后产生，否则前一个区块的哈希值是未知的。同时，由于区块链中所有交易都要进行对外广播，所以只有当包含在最新区块中的所有交易都是独一无二且之前从未发生过，其他节点才会认可该区块。因此在区块链中，要想"双花"会非常困难。

5 拜占庭将军问题

拜占庭将军问题[10]是一个共识问题，其核心描述的是军中可能有叛徒，却要保证进攻的一致。由此引申到计算领域，发展成为一种容错理论。随着比特币的出现和兴起，这个著名的问题又重新进入大众视野。

关于拜占庭将军问题，一个简易的非正式描述如下：拜占庭帝国想要进攻一个强大的敌人，为此派出了10支军队去包围这个敌人。这个敌人虽不比拜占庭帝国强大，但也足以抵御5支常规拜占庭军队的同时袭击。基于一些原因，这10支军队不能集合在一起单点突破，必须在分开的包围状态下同时攻击。他们中的任意一支军队单独进攻都毫无胜算，除非有至少6支军队同时袭击才能攻下敌国。他们分散在敌国的四周，依靠通信兵相互通信来协商进攻意向及进攻时间。困扰拜占庭将军们的问题是，他们不确定军队内部是否有叛徒，而叛徒可能擅自变更进攻意向或者进攻时间。在这种状态下，拜占庭将军们能否找到一种分布式的协议来让他们能够远程协商，从而赢取战斗？

如果每支军队向其他9支军队各派出一名信使，那么就是10支军队每支派出了9名信使，也就是在任何一个时间有总计90次的信息传输。每支军队将分别收到9封信，每一封信可能写着不同的进攻时间。此外，部分军队会答应超过一个的攻击时间，故意背叛发起人，因此他们将重新广播超过一条的信息链。这使得整个系统迅速变质成不可信的信息和攻击时间相互矛盾的纠结体。

比特币通过对这个系统做一个简单的修改并解决了这个问题，它为发送信息加入了成本，这降低了信息传递的速率，并加入了一个随机元素以保证在同一个时间只有一支军队可以进行广播。它加入的成本是"工作量证明"，这是基于计算一个随机哈希的算法。

6 工作量证明

为了在点对点的基础上构建一组分散化的时间戳服务器，仅仅像报纸或世界性新闻网络组一样工作是不够的，我们还需要一个类似于亚当·柏克（Adam Back）提出的哈希现金机制[11]。在进行随机哈希运算时，工作量证明机制引入了对某一个特定值的扫描工作，比如在SHA-256下，随机哈希值以1个或多个0开始。随着0的数目的增加，找到这个解所需的工作量将呈指数增长，但是检验结果仅需要一次随机哈希运算。

假设在区块中补增一个随机数，这个随机数要能使该给定区块的随机哈希值出现所需的那么多个0。通过反复尝试来找到这个随机数，直到找到为止，这样就构建了一个工作量证明机制。只要该CPU耗费的工作量能够满足该工作量证明机制，那么除非重新完成相当的工作量，否则该区块的信息是不可更改的。由于之后的区块是链接在该区块上的（如图1-4所示），所以想要更改该区块中的信息，就需要重新完成之后所有区块的全部工作量。

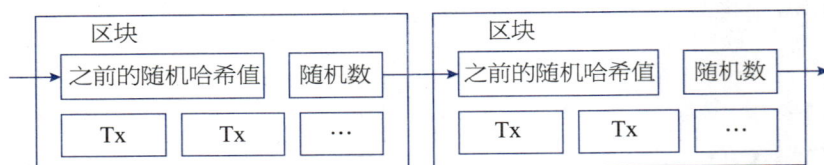

图1-4 区块链接示意图

同时，该工作量证明机制还解决了在集体投票表决时，谁是大多数的问题。如果决定大多数的方式是基于IP地址的，一个IP地址一票，那么如果有人拥有分配大量IP地址的权力，则该机制就被破坏了。而工作量证明机制的本质则是一个CPU只能投一票。"大多数"的决定表达为最长的链，因为最长的链包含了最大的工作量。如果大多数的CPU为诚实的节点控制，那么诚实的链条将以最快的速度延长，并超越其他的竞争链条。如果想要对已出现的区块进行修改，攻击者必须重新完成该区块的工作量，外加该区块之后所有区块的工作量，并最终赶上和超越诚实节点的工作量。

另一个问题是，硬件的运算速度在高速增长，且节点参与网络的程度会有所起伏。为了解决这个问题，工作量证明的难度将采用移动平均目标的方法来确定，即难度根据预设的每小时生成区块的平均速度来调整。如果区块生成的速度过快，那么难度就会提高。

7 网络

运行比特币网络的步骤如下：

01 新的交易向全网进行广播；

02 每一个节点都将收到的交易信息纳入一个区块中；

03 每一个节点都尝试在自己的区块中找到一个具有足够难度的工作量证明；

04 当一个节点找到了一个工作量证明，它就向全网进行广播；

05 当且仅当包含在该区块中的所有交易都有效，且是之前未存在过的，其他节点才认同该区块的有效性；

06 其他节点表示它们接受该区块，而表示接受的方法，是在跟随该区块的末尾，制造新的区块以延长该链条，被接受区块的随机哈希值将视为先于新区块的随机哈希值。

节点始终都将最长的链条视为正确的链条，并持续工作和延长它。如果有两个节点同时广播不同版本的新区块，那么其他节点在接收到该区块的时间上将存在先后差别。此时，它们将在率先收到的区块基础上进行工作，但也会保留另外一个链条，以防后者变成最长的链条。该僵局的打破要等到下一个工作量证明被发现，当其中的一条链条被证实为是较长的一条时，在另一条分支链条上工作的节点将转换阵营，开始在较长的链条上工作。

所谓"新的交易要广播"，实际上不需要抵达全部的节点。只要交易信息能够抵达足够多的节点，那么它们将很快被整合进一个区块中。区块的广播对被丢弃的信息是具有容错能力的。如果一个节点没有收到某特定区块，那么该节点将会发现自己缺失了某个区块，也就可以提出下载该区块的请求。

8 激励

系统约定：每个区块的第一笔交易进行特殊化处理，该交易产生一枚由该区块创造者拥有的新的电子货币。这样就增加了节点支持该网络的激励，并在没有中央集权机构发行货币的情况下，提供了一种将电子货币分配到流通领域的方法。这种将一定数量新货币持续增添到货币系统中的方法，与耗费资源去挖掘金矿并将黄金注入到流通领域非常类似。此时，CPU的计算时间和电力消耗就是消费的资源。

另外一个激励的来源则是交易费。如果某笔交易的输出值小于输入值，那么差额就是交易费，该交易费将被增加到该区块的激励中。只要既定数量的电子货币已经进入流通，那么激励机制就可以逐渐转换为完全依靠交易费，本货币系统也就能够免于通货膨胀。

激励系统也有助于鼓励节点保持诚实。如果有一个贪婪的攻击者能够调集比所有诚实节点加起来还要多的CPU计算力，那么他就面临一个选择：要么将其用于诚实工作产生新的电子货币，要么将其用于进行二次支付攻击。这样他就会发现，按照规则行事、诚实工作是更有利可图的。因为该规则能够使他拥有更多的电子货币，而不是破坏这个系统使得其自身财富的有效性受损。

9 回收硬盘空间

如果最近的交易已经被纳入了足够多的区块之中，那么就可以丢弃该交易之前的数据，以回收硬盘空间。为了同时确保不损害区块的随机哈希值，交易信息被随机哈希运算时，构建成一种梅克尔树（Merkle Tree）的形态[12、13]，使得只有树根被纳入区块的随机哈希值，如图1-5所示。通过将该树的分支拔除的方法，老区块就能被压缩，而该树内部的随机哈希值是不必保存的。

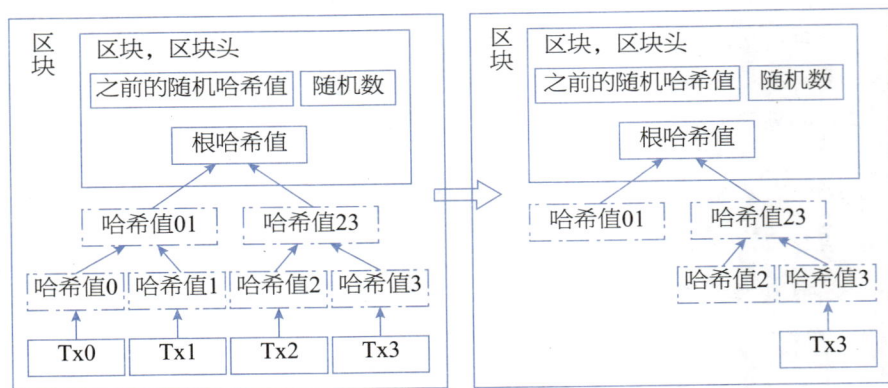

图1-5　梅克尔树

不含交易信息的区块头（Block Header）大小仅有80字节。如果设定区块生成的速率为每10分钟一个，那么每一年产生的数据为4.2MB（80bytes×6×24×365=4.2MB）。2008年，PC系统通常的内存容量为2GB，按照摩尔定律的预言，即使将全部的区块头存储于内存之中都不是问题。

10 简化的支付确认

在不运行完整网络节点的情况下，系统也能够对支付进行检验。一个用户需要保留最长工作量证明链条的区块头的副本，它可以不断向网络发起询问，直到它确信自己拥有最长的链条，并能够通过梅克尔树的分支通向它被加上时间戳并纳入区块的那次交易。节点想要自行检验该交易的有效性原本是不可能的，但通过追溯到链条的某个位置，它就能看到某个节点曾经接受过它，并且于其后追加的区块也可进一步证明全网曾经接受了它。图1-6为最长工作量证明的示意图。

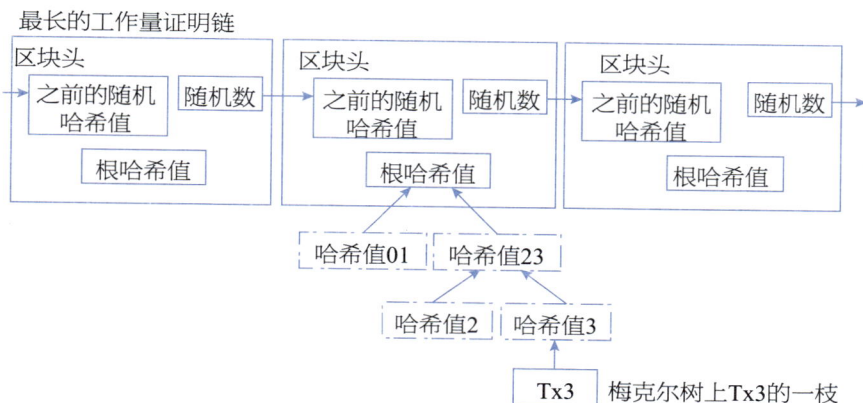

图1-6　最长工作量证明示意图

此时，只要诚实的节点控制了网络，检验机制就是可靠的。但是，当全网被一个计算力占优的攻击者攻击时，将变得较为脆弱，因为网络节点能够自行确认交易的有效性，只要攻击者能够持续地保持计算力优势，简化的机制会被攻击者伪造的（Fabricated）交易欺骗。一个可行的策略是，只要发现了一个无效的区块，就立刻发出警报，收到警报的用户将立刻开始下载被警告有问题的区块或交易的完整信息，以便对信息的不一致进行判定。对于日常会发生大量收付业务的商业机构，可能仍会希望运行他们自己的完整节点，以保持较大的独立完全性和检验的快速性。

11 价值的组合与分割

虽然可以对单个电子货币进行处理，但是对于每一枚电子货币单独发起一次交易是一种笨拙的办法。为了使价值易于组合与分割，交易被设计为可以纳入多个输入和输出，如图1-7所示。一般而言是某次价值较大的前次交易构成的单一输入，或者由某几个价值较小的前次交易共同构成的并行输入。但是输出最多只有两个：一个用于支付；另一个用于找零。

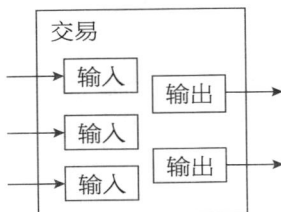

图1-7　交易信息

需要指出的是，虽然一笔交易依赖之前的多笔交易，这些交易又各自依赖于多笔交易，但是这并不存在任何问题。因为这种工作机制并不需要展开检验之前发生的所有交易历史。

12 隐私

传统的造币厂模型为交易的参与者提供了一定程度的隐私保护，因为试图向可信任的第三方索取交易信息是严格受限的，但是如果将交易信息向全网进行广播，就意味着这样的方法失效了。然而隐私依然可以得到保护：将公钥保持为匿名。公众得知的信息仅仅是有某个人将一定数量的货币发送给了另外一个人，但是难以将该交易同某个特定的人联系在一起。也就是说，公众难以确信，这些人究竟是谁。这同股票交易所发布的信息是类似的，每一手股票买卖发生的时间、交易量是记录在案且可供查询的，但是交易双方的身份信息却不予透露。传统隐私模型与新隐私模型的对比如图1-8所示。

传统隐私模型

身份信息 → 交易 → 可信任的第三方 → 交易对手 | 公众

新隐私模型

身份信息 | 交易 → 公众

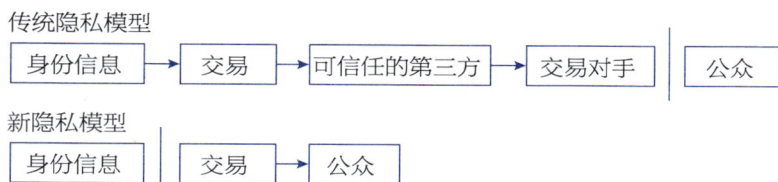

图1-8　隐私模型

作为额外的预防措施，使用者可以让每次交易都生成一个新的地址，以确保这些交易不被追溯到一个共同的所有者。不过由于存在并行输入，一定程度上的追溯还是不可避免的，因为并行输入暗示这些货币都属于同一个所有者。此时的风险在于，如果某个人的某一个公钥被确认属于他，那么就可以追溯出此人的其他很多交易。

1.1.3　比特币的特点

比特币作为一种电子货币，其特征如下：

- 去中心化。比特币是第一种分布式的虚拟货币，整个网络由用户构成，没有中央银行。去中心化是比特币安全与自由的保证。

- 全世界流通。比特币可以在任意一台接入互联网的计算机上管理。无论身处何方，任何人都可以挖掘、购买、出售或收取比特币。

- 专属所有权。操控比特币需要私钥，它可以被隔离保存在任何存储介质中，除了用户自己之外，无人可以获取。

- 低交易费用。可以免费汇出比特币，但最终对每笔交易将收取约1比特分的交易费以确保交易能更快地被执行。

- 无隐藏成本。作为由A到B的支付手段，比特币没有繁琐的额度与手续限制，知道对方比特币地址就可以进行支付。

- 跨平台挖掘。用户可以在众多平台上发掘不同硬件的计算能力。

区别于传统货币，比特币具有以下明显的优点：

- 完全去中心化。比特币没有发行机构，也不可能操纵发行数量，其发行与流通，是通过开源的P2P算法实现的。

- 匿名、免税、免监管。

- 健壮性。比特币完全依赖P2P网络，无发行中心，所以外部无法关闭它。比特币价格可能波动、崩盘，多国政府可能宣布它非法，但比特币和比特币庞大的P2P网络不会消失。

- 无国界、跨境。跨国汇款需要经过层层外汇管制机构，而且交易记录会被多方记录在案。但如果使用比特币交易，则直接输入数字地址，按一下鼠标键，等待P2P网络确认交易后，大量资金就转过去了，它不需要经过任何管控机构，也不会留下任何跨境交易记录。

- 山寨者难于生存。由于比特币算法是完全开源的，谁都可以下载到源码，修改些参数并重新编译，就能创造出一种新的P2P货币。但这些山寨货币很脆弱，极易遭到51%攻击。任何个人或组织，只要控制一种P2P货币网络51%的运算能力，就可以随意操纵交易及币值，这会对P2P货币构成毁灭性打击。很多山寨币，就是死在了这一环节上。而比特币网络已经足够健壮，想要控制比特币网络51%的运算力，所需要的CPU/GPU数量将是一个天文数字。

虽然比特币有较多的优点，但其自身也存在一些缺陷：

- 交易平台的脆弱性。比特币网络很健壮，但比特币交易平台很脆弱。交易平台通常是一个网站，而网站会遭到黑客攻击，或者遭到主管部门的关闭。

- 交易确认时间长。比特币钱包初次安装时，会消耗大量时间下载历史交易数据块。而比特币交易时，为了确认数据的准确性，也会消耗一些时间与P2P网络进行交互，得到全网确认后，交易才算完成。

- 价格波动极大。由于大量炒家介入，导致比特币兑换现金的价格如过山车一般起伏，使得比特币更适合投机，而不是匿名交易。

- 大众对原理不理解以及传统金融从业人员的抵制。活跃的网民了解P2P网络的原理，知道比特币无法人为操纵和控制，但普通大众并不理解，很多人甚至无法分清比特币和Q币的区别。"没有发行者"是比特币的优点，但在传统金融从业人员看来，"没有发行者"的货币毫无价值。

1.1.4 重要概念

1 地址、私钥、公钥

地址是为了便于人们交换比特币而设计出来的方案，因为公钥太长了（130字符串或66字符串）。地址的长度为25字节，转为Base58编码后，为34或35个字符。Base58是类似Base64的编码，但去掉了易引起视觉混淆的字符，又在地址末尾添加了4个字节的校验位，以保障在人们用于交换的个别字符发生错误时，能够因地址校验失败而制止误操作。

私钥是非公开的，拥有者需安全保管。私钥通常是由随机算法生成的，简单地说，就是一个巨大的随机整数，占32字节。大小介于1～0xFFFF FFFF FFFF FFFF FFFF FFFF FFFE BAAE DCE6 AF48 A03B BFD2 5E8C D036 4141之间的数，都可以认为是一个合法的私钥。于是，除了随机生成方法之外，还可采用特定算法，由固定的输入得到32字节输出的算法，就可以成为得到私钥的方法。

公钥与私钥是相对应的，一把私钥通过推导可以推出唯一的公钥，但使用公钥却无法推导出私钥。公钥有压缩与非压缩两种形式。早期比特币均使用非压缩公钥，现在大部分客户端已默认使用压缩公钥。这个貌似是比特币系统的一个近乎于特征的bug，早期编写代码时人少、活多，代码写得不够精细，加上OpenSSL库的文档又不是足够好，导致中本聪以为必须使用非压缩的完整公钥才可以。后来大家发现其实公钥左右的两个32字节是有关联的，由左侧（x）可以推出右侧（y）的平方值，这样有左侧（x）就够用了。因此，这两种方式共存于现在系统里，并且应该会一直共存下去。两种公钥的首个字节为标识位，压缩公钥为33字节，非压缩公钥为65字节。以0X04开头的为非压缩公钥，以0X02/0X03开头的为压缩公钥，0X02/0X03的选取由右侧（y）开方后的奇偶决定。压缩形式可以减小Tx/Block的体积，每个Tx Input可减少32字节。图1-9所示为公钥、私钥生成的示意图。

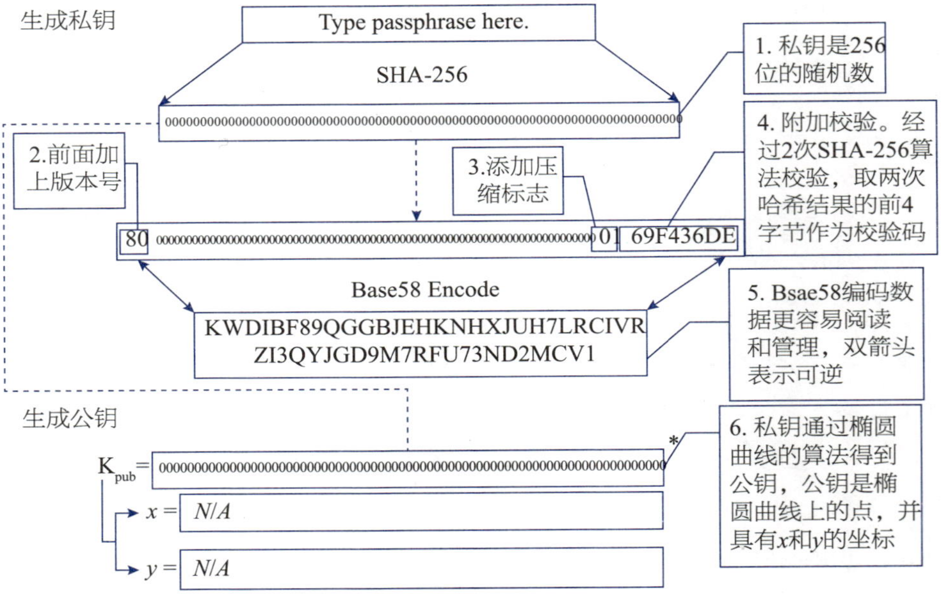

图1-9　公钥、私钥生成示意图

2 椭圆曲线数字签名算法

椭圆曲线数字签名算法（ECDSA）是使用椭圆曲线密码（ECC）对数字签名算法（DSA）的模拟。ECDSA首先由Scott和Vanstone在1992年为了响应NIST对数字签名标准（DSS）的要求而提出。ECDSA于1999年成为ANSI标准，并于2000年成为IEEE和NIST标准。ECDSA在1998年已为ISO所接受，并且包含它的其他一些标准亦在ISO的考虑之中。与普通的离散对数问题（Discrete Logarithm Problem，DLP）和大数分解问题（Integer Factorization Problem，IFP）不同，椭圆曲线离散对数问题（Elliptic Curve Discrete Logarithm Problem，ECDLP）没有亚指数时间的解决方法。因此，椭圆曲线密码的单位比特强度要高于其他公钥体制。

数字签名算法（DSA）在联邦信息处理标准FIPS中有详细论述，称为数字签名标准。它的安全性基于素域上的离散对数问题。椭圆曲线密码（ECC）由Neal Koblitz和Victor Miller于1985年发明。它可以看作是椭圆曲线对先前基于离散对数问题（DLP）的密码系统的模拟，只是群元素由素域中的元素数换为有限域上的椭圆曲线上的点。椭圆曲线密码体制的安全性基于椭圆曲线离散对数问题（ECDLP）的难解性。椭圆曲线离散对数问题远难于离散对数问题，椭圆曲线密码系统的单位比特强度要远高于传统的离散对数系统。因此，在使用较短的密钥的情况下，ECC可以达到与DLP系统相同的安全级别。这带来的好处就是计算参数更小，密钥更短，运算速度更快，签名也更加短小。椭圆曲线密码尤其适用于处理能力、存储空间、带宽及功耗受限的场合。

3 梅克尔树

梅克尔树（Merkle Trees）是区块链的基本组成部分[14]。虽然从理论上来讲，没有梅克尔树的区块链也是可行的，人们只需创建直接包含每一笔交易的巨大区块头（Block Header）就可以实现，但这样做无疑会带来可扩展性方面的挑战。从长远发展来看，这样做的结果是，可能只有那些最强大的计算机，才可以运行这些无需受信的区块链。

梅克尔树是哈希大量聚集数据"块"（Chunk）的一种方式，它依赖于将这些数据"块"分裂成较小单位（Bucket）的数据块，每一个Bucket块仅包含几个数据"块"，然后取每个Bucket单位数据块再次进行哈希运算，重复同样的过程，直至剩余的哈希总数为1，即根哈希（Root Hash）。

梅克尔树最为常见和最简单的形式，是二叉梅克尔树（Binary Merkle

Tree），其中一个Bucket单位的数据块总是包含了两个相邻的块或哈希值，
其描述如图1-10所示。

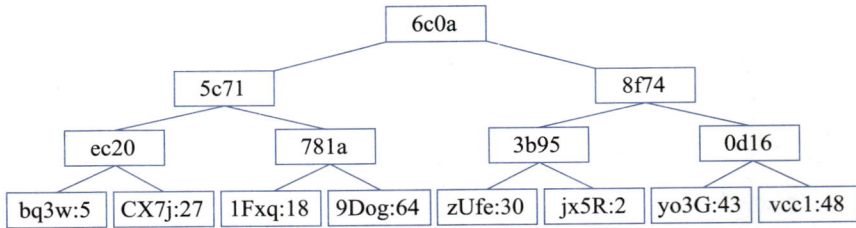

图1-10 二叉梅克尔树示意图

那么，采用这种奇怪的哈希算法有什么好处吗？为什么不直接将这些数据块串接成一个单独的大块，用常规的哈希算法进行运算呢？答案在于，它允许了一个整齐的机制，称之为梅克尔证明（Merkle Proofs）。

一个梅克尔证明包含了一个数据块，这棵梅克尔树的根哈希，以及所有沿数据块到根路径哈希的"分支"。有人认为，这种证明可以验证哈希的过程，至少是对分支而言。梅克尔证明的应用也很简单：假设有一个大数据库，而该数据库的全部内容都存储在梅克尔树中，并且这棵梅克尔树的根是公开并且可信的（例如，它是由足够多个受信方进行过数字签名的，或者它有很多的工作量证明）；当一位用户想在数据库中进行一次键值查找（比如"请告诉我，位置在85273处的对象"），就可以询问梅克尔证明，并接收到一个正确的验证证明（收到的值，实际上是数据库在85273位置上的特定根）。梅克尔证明允许了一种机制，这种机制既可以验证少量的数据，例如一个哈希值，也可以验证大型的数据库（可能扩至无限）。

梅克尔证明的原始应用是比特币系统。比特币区块链使用梅克尔证明，为的是将交易信息存储在每一个区块中。这样做的好处就是中本聪所描述的"简化支付验证"（SPV），而不必下载每一笔交易以及每一个区块。比如，一个"轻客户端"（Light Client）可以仅下载链的区块头，数据块大小为80字节，每个区块头中仅包含5项内容：上一区块头的哈希值、时间戳、挖矿难度值、工作量证明随机数，以及包含该区块交易的梅克尔树的根

哈希。图1-11所示为Tx3的梅克尔树分支。

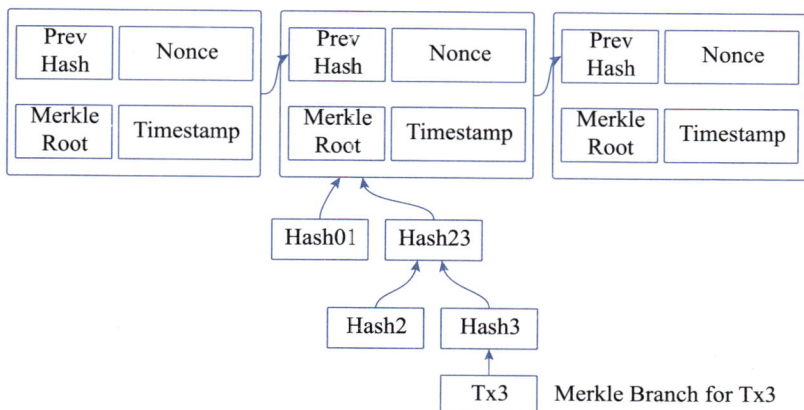

图1-11　Tx3的梅克尔树分支

如果一个轻客户端希望确定一笔交易的状态，它可以简单地要求一个梅克尔证明，显示出一个梅克尔树特定的交易，其根是在主链（Main Chain）非分叉链上的区块头。

这种机制会让我们走得很远，但比特币的轻客户端确实有其局限性。一个特别的限制是，梅克尔树虽然可以证明包含的交易，但无法证明任何当前的状态（如数字资产的持有、名称的注册、金融合约的状态等）。举例来说，你现在拥有多少个比特币？一个比特币轻客户端，可以使用一种协议，它将涉及查询多个节点，并相信其中至少有一个节点会通知你，关于你的地址中任何特定的交易支出，这可以让你实现更多的应用。但对于其他更为复杂的应用而言，这些是远远不够的。一笔交易影响的确切性质，取决于之前的几笔交易，而这些交易本身则依赖于更早的交易，所以最终你可以验证整个链上的每一笔交易。

4　哈希现金

比特币使用一种名叫"哈希现金"[11]（Hash Cash）的工作量证明算法，这种算法的出现早于比特币。最初创造这种算法的目的，只是使之成为反DOS攻击的工具。哈希现金的灵感来自于这样一个想法，即采用一些数学算法的结果难于发现且易于校验。一个众所周知的例子是因数分解一个大的数字（尤其是因数较少的数字）。将数字相乘来获得它们的乘积的代价是低廉的，但找到那些因数的代价却要高得多。

对交互式协商来说，使用因数分解法就足以胜任。比如，希望客户端能象征性地付出代价才能访问在线资源。这个时候可以定义一个协议，首先服务器向客户端发送一个消息，说"只要您能因数分解这个数，我将让您得到这个资源"。这样，没有诚意的客户端将无法得到服务器上的资源，只有那些能够证明自己有足够的兴趣、肯付出一些CPU周期来回答这个协商的客户端才能得到这个资源。

不过，有一些资源无法很方便地进行交互式协商，比如，反垃圾电子邮件或者支付交易。怎么才能避免邮箱不被垃圾邮件所占据？一些人会说"我并不介意陌生人给我写信，但是，我希望他们能以稍微认真些的态度，通过对我有价值的邮件亲自与我取得联系。至少，我不希望他们是垃圾邮件制造者，那些人向我甚至上百万人发送包含同样消息的邮件，期望有人能购买某种产品或者落入一个骗局。"而对于电子货币，其内容的复制也几乎是没有代价的。如何保证电子货币（内容）没有被交易（发送）多次？这和反垃圾邮件面临的是同样的问题。

哈希现金的解决方法是：在电子邮件的消息头中，增加一个哈希现金戳记（Hash Cash Stamp）哈希值，该哈希值中包含收件人地址、发送时间、Salt值。该哈希值特别之处在于，它至少前20位必须是0才是一个合法的哈希现金戳记。为了得到合法的哈希值，发送者必须经过许多次尝试（改变Salt值，即系统用来和用户密码进行组合而生成的随机数值）才能获得。一旦生成戳记，希望每一个给我发送邮件的垃圾邮件制造者都不能重复使用该戳记。所以，哈希现金戳记要带一个日期，这样可以判定比指定时间更早的戳记是非法的。另外，哈希现金的接收端要实现一个重复支付数据库，用来记录戳记的历史信息。

5 51%攻击

一提到对比特币的攻击，大部分人想到的就是51%攻击[15]。51%攻击是指某个客户端或组织掌握了比特币全网的51%的算力之后，用这些算力来重新计算已经确认过的区块，使区块链产生分叉并且获得利益的行为。对于51%算力拥有者，他不仅能够修改自己的交易记录并进行双重支付，还能阻止区块确认部分或者全部交易，以及阻止部分或全部矿工开采到任何有效的区块。但是，他并不能修改其他人的交易记录，阻止交易被发送出去（交易会被发出，只是显示0个确认而已），却通过改变每个区块产生的比特币数量，凭空产生比特币，以及把不属于他的比特币发送给自己或其他人。

假如A掌握了整个网络51%的算力，则可以计算出这样一个区块链：其中包含A所有发送到A私人账户上的比特币交易信息。此时该区块链的长度为10，但是A不向网络广播并把所有的比特币在交易市场换成美元并提取出来，而且这笔交易记录在正常的那个区块链中。当A的美元正在提取时，那个正常的区块链的长度是9，而A的区块链长度是10。现在A才向网络广播出去，然后观察，发现网络会确认A的区块链是正确的，但是实际上美元已经被A提取了，损失的是交易市场。

发动51%攻击必须具备两个条件。第一，必须掌握足够的算力。无论是控制矿池，还是利用其他计算资源，总之必须使攻击者的算力领先于现在网络的总算力。领先的幅度越大，成功的可能性越高。第二，拿到足够的比特币作为筹码，无论是自己挖到的，还是从任何渠道买的，都可以。只有具备这两个条件，才能发起51%攻击。攻击过程首先是将手中的比特币充值到各大交易所，然后卖掉，提现，或者也可以直接卖给某人或某一群人；再运用手中的算力，从自己付款交易之前的区块开始，忽略自己所有的付款交易，重新构造后面的区块，利用算力优势与全网赛跑；当最终创建的区块长度超过原主分支区块，成为新的主分支，便完成攻击。一旦攻击完成，自己所有的对外付款交易将被撤销，等于收回所有已卖掉的比特币。

过去几年内，比特币网络的算力悄无声息地增长到了无比之大，这大大增加了比特币被51%攻击成功的可能性。在依赖密码学的数字货币领域，先发优势是非常明显的。51%攻击对于比特币来说并不是一个什么大问题（早在2013年7月，比特币全网算力已经达到世界前500强超级计算机算力之和的20倍），所以即使有政府集全国之力秘密造出一台超级计算机，用于击溃比特币来挽救自己的货币发行体系，但它会发现使用该能力进行挖矿便可垄断比特币的发行权，其收益会远大于击溃比特币，因而动机也就不复存在了。

6 冷钱包

一直以来，比特币行业的安全深受诟病，2014年3月曾是世界最大的比特币交易平台的Mt Gox总计遗失了85万枚比特币；2015年2月14日比特儿（BTER）存钱罐丢失总额为7170BTC。比特币的理想是构建一种金融社交网络，实现人类的金融民主。时至今日，比特币的基础技术架构仍有很大的提升空间。比特币交易平台、在线钱包等如何安全地保存大量比特币是整个行业面临的重要问题。比特币的安全是基于比特币的核心加密算法和私钥的安全保存。密码学界认为比特币的密码学基础（SHA-256和EDSA）在目前的解密技术能力下，是绝对安全的。比特币安全的主要问题就在于私钥的保存，所以业界通常采用冷钱包的方式（绝对不接触互联网的钱包）来保存大量的比特币。

比特币钱包的冷储存[16]（Cold Storage）是一种将钱包离线保存的方法。具体来说，用户在一台离线的计算机上生成比特币地址和私钥，并将其妥善保存起来，以后由挖矿或者在交易平台得到的比特币都可以发送到这个离线生成的比特币地址上面。由这台离线计算机生成的私钥永远不会在其他在线终端或者网络上出现。

使用比特币钱包冷储存技术主要是出于安全上的考虑，举两个例子：

例一，某比特币超级大户想保证他的比特币钱包绝对安全，即使在计算机被黑客入侵的情况下，黑客依然得不到比特币私钥。为此，这位大户必须使用冷储存技术，离线生成几对比特币地址和私钥，作为冷储存钱包，以后所有需要储存的比特币都发送到这些地址上面，这就初步保证了比特币的安全。

例二，某比特币交易平台每天都有庞大的比特币用户群活动，这些用户在平台上存有数以万计的比特币，为了保证这些比特币的安全，交易平台的管理人员便每天定时将主机服务器上所储存的比特币放入冷储存钱包中，而只在服务器上保存少量的比特币，来应付正常的提现请求。这样，就算有黑客入侵了交易平台主机，也无法得到用户所储存的比特币。

那么如何进行冷存储呢？首先是私钥的产生和备份，步骤如下：

01 在完全离线的计算机上生成10000个私钥及对应的地址，并对私钥进行AES加密，然后删除原始私钥；

02 将AES密码由两个分属异地的人掌握；

03 将加密后的私钥和明文地址生成二维码加密文档，通过扫描完全离线计算机生成地址文档二维码，用于日常使用。

热钱包往冷钱包汇币，每次必须是一个未使用过的地址，每个地址不可重复使用，然后从线上往冷钱包汇币，步骤如下：

01 从地址文档中取出相应地址；

02 根据安全级别，每个地址汇不超过1000枚比特币，每个地址使用一次之后就不可再使用。

最后是从冷钱包取币，取币过程如下：

01 把私钥密文通过二维码扫描放入完全离线计算机；

02 掌握AES密码的人在完全离线计算机上进行解密，获得私钥明文。通过二维码扫描把私钥明文导入到另一台完全离线的计算机中，在另一台完全离线计算机上进行签名交易，并把签名后的交易通过二维码或U盘同步至有网络的计算机中并广播交易。

7 闪电网络

比特币闪电网络[17]（Bitcoin Lightning Network）是一项针对比特币的设计改进，它可以让用户以去中心化的方式进行小额支付。该网络通过在用户间增补哈希化时间锁合约（Hashed Time Lock Contracts）来解决比特币规模问题和立即支付问题。目前，该项目面临的首要问题是"软分叉"，即修改比特币协议，无效化之前的区块和交易，同时旧节点依然可以识别新的有效区块。

与当今的金融系统相比，Visa在标准的节假日每秒能处理4.5万笔交易，通常的一个营业日则为数亿次交易，然而比特币现在每秒仅能支持约7笔交易，同时还会受到区块链大小的限制。要想实现每秒4.5万笔交易，比特币必须进行离线处理。

闪电网络的工作原理可能听起来比较复杂，本质的工作原理非常类似于如下这个例子：假设所有的比特币交易能够在一个开放的论坛（比特币公共账户）中探讨，闪电网络在特定的时间段内可以让各方进入到一个密闭的房间（在此段时间内进行赊账交易）；在合约时间结束时，再将那些交易广播到比特币网络上，这样可以保证区块链上保存最小化的信息。比特币闪电网络与现行的金融系统解决同类问题的方式极为相似。

8 多重签名

一般来说，一个比特币地址对应一个私钥，动用这个地址中的资金需要私钥的掌握者发起签名才行。而多重签名[18]地址，可以有3个相关联的私钥，用户需要其中的2个才能完成一笔转账。实际上，用户也可以设置成1/3、5/5、6/11的形式，但是最常见的是2/3的组合。

多重签名托管的工作原理如下：当Alice想要发送20元钱给Bob购买一个产品时，Alice首先挑选一个相互信任的仲裁员，这里称他为Martin；然后通过Alice，Bob，Martin三方多重签名来发送20元钱；Bob看到付款后，确认订单，邮寄商品；当Alice收到商品之后，她可以创建一个20元的多重签名给Bob，来完成这笔转账；然后，Bob再对其进行签名，这样就完成了转账。另外，Bob也可能会选择不发送产品，在这种情况下，他创建并签署20元的退款交易发送给Alice，让Alice可以签名并发布。那么，如果Bob声称已经发货，但是Alice拒绝付款呢？Alice和Bob就会联系Martin，让他来决定谁对谁错。Martin赞成哪一方，他就创建一笔给自己1元和对方19元的交易，并由对方提供签名，从而完成转账。

这种多重支付的方法需要为一个中介机构支付费用，那么它和Paypal相比好在哪里？首先，它是自愿的。在某些情况下，当用户从一个有信誉的大公司购买东西或者汇款给一个受信任的账户时，是不需要中介机构的，只需A转账给B就好了。其次，该系统是可以调整的。有时候，某些转账的仲裁员需要非常专业的知识才能够胜任。比如，用户购买虚拟商品的时候，最好选择虚拟商品平台上的专业仲裁员，而在其他的时候，用户可以选择一个一般的仲裁员就够了，因为专业仲裁员的收费比较高。市场上会产生一些专门的仲裁公司。通过多重签名技术，用户可以为每单交易轻松地选择不同的仲裁员，也可以不需要仲裁员，这时就是0手续费了。

9 合并挖矿

比特币工作量证明机制是指在矿工挖矿时，给区块补增一个随机数，并做随机哈希运算，使得给定区块的哈希值开头含有一定数量的零。下面举一个简单的例子。

对短语"message"（不含引号）进行SHA-256哈希算法加密会得到：

ab530a13e45914982b79f9b7e3fba994cfd1f3fb22f71cea1afbf02b460c6d1d

现在开始加入数据，直到得到一个以0开头的哈希值：

1message

daad0bc80059253928621a10365de153e335a18f03b9dc7e7e25897fb791f023

2message

6532f42bd1d6ccd00f47c133c3ca1a0fc852598e67c62eb31adab8ceb3a
aa680

...

51message

0985e57510d017b177867168642543ab4f143333ad63782680e812251ab
3141e

经51次运算后得到第一个有效的哈希。只要"51message"一发送，接收器可以迅速通过哈希运算来验证它是否符合要求。被添加的那部分数据（本例中的51）被称作随机数（Nonce），关键在于该随机数可以是任何信息。

假设用户在同时挖A币与B币，现在用户有部分区块数据来自A币，部分区块数据来自B币，而且一个母随机数不断改变，直到用户找到一个区块。一旦用户找到一个块，它就是一个对A币、B币两者同时有效的块链（假设两者的挖矿难度相等）。例如：

同时哈希以下数据：[A币区块数据|B币区块数据|公随机数]

当一个块被发现：

对A币广播区块>> [A币区块数据]+随机数＝B币区块数据+[母随机数]

对B币广播区块>> [B币区块数据]+随机数＝A币区块数据+[母随机数]

只要用户愿意，就可以制造任意多的链。Slush矿池2011年就已经合并挖比特币与域名币（Name Coin）了。

合并挖矿的好处有：（1）同时为两个区块链贡献哈希计算力，有助于提高两个区块链的安全性；（2）挖矿的回报更高，在消耗相同电力的情况下，同时获得两种货币。如果用户不喜欢域名币，可以把它卖掉或换成比特币。

10 彩色币

通过仔细跟踪一些特定比特币的来龙去脉，可以将它们与其他的比特币区分开来，这些特定的比特币就叫作彩色币[19]（Colored Bitcoins）。彩色币具有一些特殊的属性，比如支持代理或聚集点，从而具有与比特币面值无关的价值。彩色币可以用作替代货币、商品证书、智能财产以及其他金融工具，如股票和债券等。

比特币的P2P支付结算系统已经安全建立，可以实现可靠的、近乎于免费的转账，比特币网络（协议）本身是安全、稳定的，但比特币生态的服务提供商，比如汇率市场却被黑客多次攻击，这损害了比特币的声誉和交易价值。有没有一种办法可以利用比特币安全可靠的自身协议，来创建分布式的汇兑交易呢？

BitcoinX就是这样一个基于比特币的开放的标准协议，就像HTTP和BitTorrent协议一样，该协议用来规范互联网的价值交易。基于BitcoinX协议，用户不但可以在分布式、安全的云平台上持有比特币，还可以持有黄金、欧元、美元或各种证券资产。这意味着人们可以使用金融工具进行自由交易，比如在某个节点G持有黄金，在另一个节点E持有欧元。用户可以以一种安全、透明、直接的方式相互兑换，而不需要第三方的介入。

BitcoinX的设计思想是将比特币网络（技术）与货币价值分割开来，并使用比特币网络技术来明晰交易来路以避免重复消费。通过创世转账来建立一个新的货币（即彩色币）。创世转账是一定量的比特币转账，这些比特币的金额将用来赋予所有这种新货币以价值。这一定数量的比特币发送到的那个地址就是新货币的起源地址，它将控制新货币的初始分配。

彩色币客户端就是通过一种特殊的方法来计算资金平衡的轻量级客户端。首先，所有转账的最后一个地址都是客户端地址，通过抓取区块链，可查看这些转账是否是来自创世转账。如果是，就将交易金额乘以初始分割率（假设0.00001BTC＝1彩币），得到用户余额。彩色币客户端是分布式的，围绕特定的创世转账创建一个社区，就创造了一个独立的与比特币网络无关的"彩色币"生态，这个小的经济生态的波动建立在对比特币基础设施的利用上。

由于彩色币也是普通比特币，故它们也可以使用比特币网络，从一个地址传送到另一个地址。因为有办法识别出彩色币，所以它们相当于稀有货币，因此它们的价值取决于用户对这种稀有货币的需求，而与比特币价值无关。

彩色币怎样进行初始分配呢？在货币创世时，彩色币起源地址拥有该币的总体价值。在分配结束时，所有的货币价值将从起源地址转移到每个客户端。

在实际应用中，彩色币的拥有者不会知道货币总量有多少，此外，拥有者也不必知道想参与他的经济的有哪些人。在这种情形下，彩色币拥有者可以建立一个邀请系统，每一个新的客户端都可以邀请其他客户端加入。实现这种技术还有很长的路要走，比如社交网络身份验证、社交图谱搜索、担保系统、短信验证、独特的IP地址、物理识别等，这些方法可最大限度地减少在初次分配中的欺诈。

1.2 区块链

1.2.1 区块链是什么

区块链是一种去中心化的、不可篡改的、可信的分布式账本，它提供了一套安全、稳定、透明、可审计且高效的记录交易以及数据信息交互的方式，其特点如下（参见图1-12）：

（1）高度安全，不可篡改的分布式账本。

（2）存在于互联网，向所有用户公开。

（3）帮助人与人、物与物之间实现点对点的交易和互换。

（4）无需第三方的介入即可完成价值的交换。

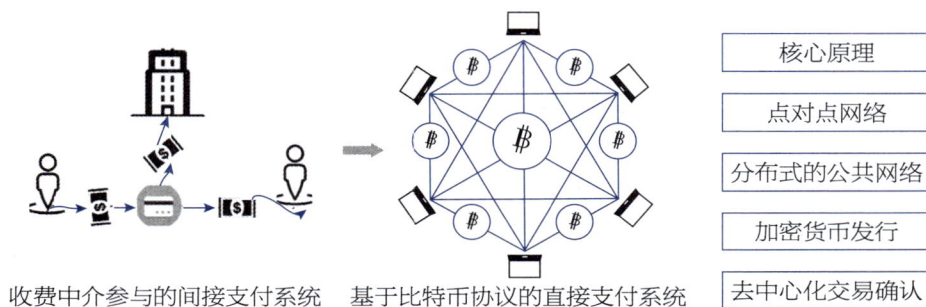

收费中介参与的间接支付系统　基于比特币协议的直接支付系统

核心原理

点对点网络

分布式的公共网络

加密货币发行

去中心化交易确认

图1-12　区块链的特点

区块链可以存储数据，也可以运行应用程序。目前区块链技术主要应用在存在性证明、智能合约、物联网、身份验证、预测市场、资产交易、文件存储等领域，如图1-13所示。随着区块链技术的快速演变，新的技术在不断结合，从而创造出更有效的应用解决方案。

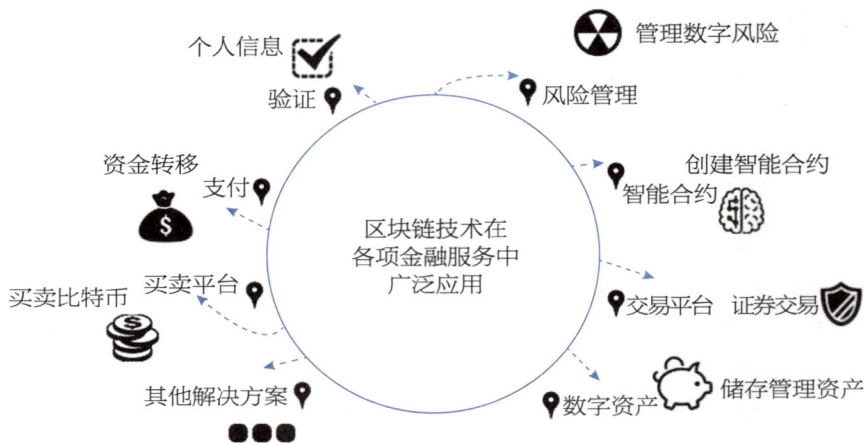

图1-13　区块链的应用领域

1.2.2　区块链历史

1 重要里程碑

2008年，化名为中本聪的人发表了论文《比特币：一种点对点的电子现金系统（Bitcoin: A Peer-to-Peer Electronic Cash System）》，首次提出了区块链的概念。

2009年，比特币开始在一个开源的区块链上运行，这是人类历史上的第一个区块链。比特币是区块链的首个应用。

2012年，瑞波（Ripple）系统发布，利用数字货币和区块链进行跨国转账。

2013年9月，美卡币（MEC）区块链发生断裂，在数据更新中断1天后，发布了新版本，重新接回一条区块链，艰难复活。

2014年4月，奥斯汀·希尔（Austin Hill）和亚当·贝克（Adam Back）披露，开始在比特币区块链的基础上打造侧链（Sidechain）；5月，Storj宣布将采用区块链技术为客户提供去中心化的存储服务；6月，搜索引擎DuckDuckGo接入区块链查询；8月，Coinbase收购区块链信息浏览服务商Blockr.io，区块链API服务提供商Chain获950万美元A轮投资；10月，Tilecoin团队发布首个集成区块链技术的物联网实验设备。

2015年，大量银行和传统金融机构开始测试区块链技术，包括在内部系统上使用比特币区块链系统和瑞波币系统。

2 发展历史

Melanie Swan在其著作*Blueprint for a New Economy*中将区块链的应用范围划分成3个层面，分别称其为区块链1.0、2.0和3.0。

（1）区块链1.0：可编程货币

区块链技术伴随比特币的产生而产生，其最初的应用范围完全聚集在数字货币上。比特币的出现第一次让区块链进入了大众视野，而后产生了莱特币、以太币、狗狗币等"山寨"数字货币。可编程货币的出现，使得价值在互联网中直接流通成为可能。区块链构建了一种全新的、去中心化的数字支付系统，随时随地进行货币交易、毫无障碍的跨国支付以及低成本运营的去中心化体系，都让这个系统变得魅力无穷。这样一种新兴数字货币的出现，强烈地冲击了传统金融体系。

（2）区块链2.0：可编程金融

受到数字货币的影响，人们开始将区块链技术的应用范围扩展到其他金融领域。基于区块链技术可编程的特点，人们尝试将"智能合约"的理念加入到区块链中，形成了可编程金融。有了合约系统的支撑，区块链的应用范围开始从单一的货币领域扩大到涉及合约功能的其他金融领域。彩色币、比特股、以太坊、合约币等新概念的出现，让区块链技术得以在包括股票、清算、私募股权等众多金融领域崭露头角。目前，许多金融机构都开始研究区块链技术，并尝试将其运用于现实，现有的传统金融体系正在被颠覆。

（3）区块链3.0：可编程社会

随着区块链技术的进一步发展，其"去中心化"功能及"数据防伪"功能在其他领域逐步受到重视。人们开始认识到，区块链的应用也许不仅局限在金融领域，还可以扩展到任何有需求的领域中去。于是，在金融领域之外，区块链技术又陆续被应用到了公证、仲裁、审计、域名、物流、医疗、邮件、鉴证、投票等其他领域中来，应用范围扩大到了整个社会。在这一应用阶段，人们试图用区块链来颠覆互联网的最底层协议，并试图将区块链技术运用到物联网中，让整个社会进入智能互联网时代，形成一个可编程的社会。

借鉴Melanie Swan的思路，区分了区块链1.0、2.0和3.0，但其实这3个层面并非区块链技术发展程度上的变化，而仅仅是应用范围的逐步扩展。区块链技术本身在所有的应用中均有体现，发挥了各自领域应有的作用。

1.2.3　分叉问题

因为区块链是去中心化的数据结构，所以不同副本之间不能总是保持一致。区块有可能在不同时间到达不同节点，导致节点有不同的区块链视角。解决的办法是，每一个节点总是选择并尝试延长代表累计了最大工作量证明的区块链，也就是最长的或最大累计难度的链。节点通过将记录在每个区块中的难度汇总起来，得到建立这个链所要付出的工作量证明的总量。只要所有的节点选择最长累计难度的区块链，整个比特币网络最终会收敛到一致的状态。

分叉[20]即在不同区块链间发生的临时差异。当更多的区块添加到某个分叉后，这个问题便会迎刃而解。

在接下来的图例中，读者可以了解到网络中发生分叉的过程。图例代表简单的全球比特币网络，在真实的情况下，比特币网络的拓扑结构不是基于地理位置组织起来的，而是在同一个网络中相互连接的节点。这些节点可能在地理位置上相距遥远，此处采用基于地理的拓扑是为了能更加简洁地描述分叉。在真实比特币网络里，节点间的距离按"跳"而不是按照真实位置来衡量的。为了便于描述，不同的区块被标示为不同的线型，传播这些区块的节点网络也被不同的线型标示。

在图1-14中，网络有一个统一的区块链视角，以实线区块为主链的"顶点"。当有两个候选区块同时想要延长最长区块链时，分叉事件就会发生。正常情况下，分叉发生在两名矿工在较短的时间内，各自都算得了工作量证明解的时候。两个矿工在各自的候选区块一发现解，便立即传播自己的"获胜"区块到网络中：先是传播给邻近的节点而后传播到整个网络。每个收到有效区块的节点都会将其并入并延长区块链。如果该节点在随后又收到了另一个候选区块，而这个区块又拥有同样的父区块，那么节点就会将这个区块连接到候选链上。其结果是，一些节点收到了一个候选区块，而另一些节点收到了另一个候选区块，这时两个不同版本的区块链就出现了。

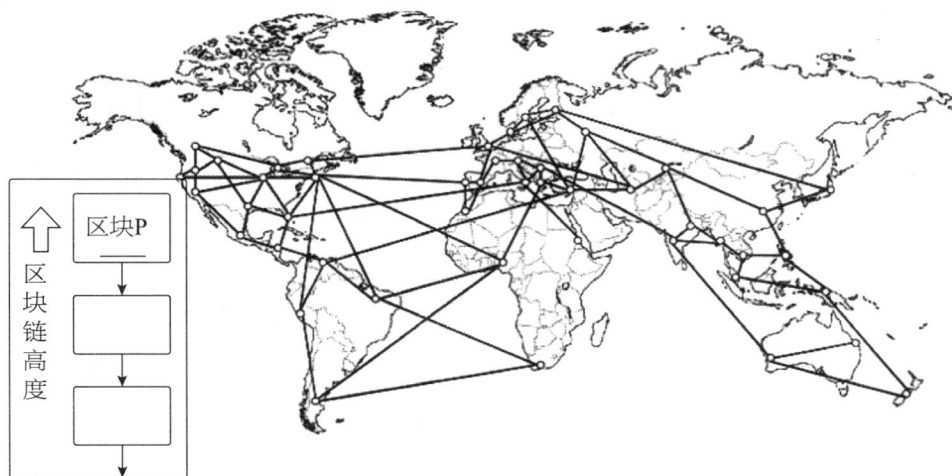

图1-14　形象化的区块链分叉事件：分叉之前

在图1-15中，可以看到两个矿工几乎同时挖到了两个不同的区块。这两个区块是顶点区块——实线区块的子区块，可以延长这个区块链。为了便于跟踪这个分叉事件，此处设定有一个被标记为虚线的、来自加拿大的区块，还有一个被标记为点划线的、来自澳大利亚的区块。

图1-15 形象化的区块链分叉事件：同时发现两个区块

假设有这样一种情况，一个在加拿大的矿工发现了"虚线"区块的工作量证明解，在"实线"的父区块上延长了块链。几乎同一时刻，一个澳大利亚的矿工找到了"点划线"区块的解，也延长了"实线"区块。那么现在就有了两个区块：一个是源于加拿大的"虚线"区块；另一个是源于澳大利亚的"点划线"区块。这两个区块都是有效的，均包含有效的工作量证明解并延长同一个父区块。这两个区块可能包含了几乎相同的交易，只是在交易的排序上有些许不同。

当这两个区块传播时，一些节点首先收到"虚线"区块，一些节点首先收到"点划线"区块。如图1-16所示，比特币网络上的节点对于区块链的顶点产生了分歧，一派以虚线区块为顶点，而另一派以点划线区块为顶点。

图1-16　形象化的区块链分叉事件：两个区块的传播将网络分裂

从那时起，比特币网络中邻近（网络拓扑上的邻近，而非地理上的）加拿大的节点会首先收到"虚线"区块，并建立一个最大累计难度的区块，"虚线"区块为这个链的最后一个区块（实线-虚线），同时忽略晚一些到达的"点划线"区块。相比之下，离澳大利亚更近的节点会判定"点划线"区块胜出，并以它为最后一个区块来延长区块链（实线-点划线），而忽略晚几秒到达的"虚线"区块。那些首先收到"虚线"区块的节点，会即刻以这个区块为父区块来产生新的候选区块，并尝试寻找这个候选区块的工作量证明解。同样地，接受"点划线"区块的节点会以这个区块为链的顶点开始生成新块，并延长这个链。

分叉问题几乎总是在一个区块内就被解决了。网络中的一部分算力专注于以"虚线"区块为父区块，并在其之上建立新的区块；另一部分则将算力专注于"点划线"区块上。即便算力在这两个阵营中平均分配，也总有一个阵营抢在另一个阵营前发现工作量证明解并将其传播出去。在这个例子中，假如工作在"点划线"区块上的矿工找到了一个"箭头"区块，延长了区块链（实线-点划线-箭头），他们会立刻传播这个新区块，整个网络会都会认为这个区块是有效的，如图1-17所示。

图1-17　形象化的区块链分叉事件：新区块延长了分支

　　所有在上一轮选择"点划线"区块为胜出者的节点会直接将这条链延长一个区块。然而，那些选择"虚线"区块为胜出者的节点现在会看到两个链："实线-点划线-箭头"和"实线-虚线"。如图1-18所示，这些节点会根据结果将"实线-点划线-箭头"这条链设置为主链，将"实线-虚线"这条链设置为备用链。这些节点接纳了新的更长的链，被迫改变了原有对区块链的观点，这就叫做链的重新共识。因为"虚线"区块做为父区块已经不在最长链上，导致了他们的候选区块已经成为"孤块"，所以现在任何原本想要在"实线-虚线"链上延长区块链的矿工都会停下来。全网将"实线-点划线-箭头"这条链识别为主链，"箭头"区块为这条链的最后一个区块。全部矿工立刻将他们产生的候选区块的父区块切换为"箭头"区块，来延长"实线-点划线-箭头"这条链。

　　从理论上来说，两个区块的分叉是有可能的，这种情况发生在因先前分叉而相互对立起来的矿工，又几乎同时发现了两个不同区块的解。然而，这种情况发生的概率是很低的。单区块分叉每周都会发生，而双块分叉则非常罕见。

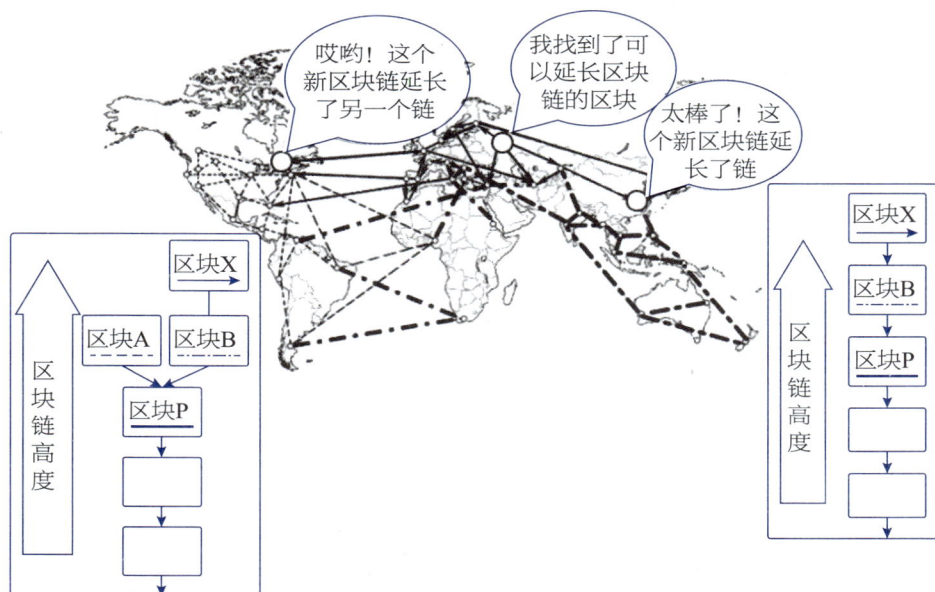

图1-18　形象化的区块链分叉事件：全网在最长链上重新共识

比特币系统将区块间隔设计为10分钟，是在更快速的交易确认和更低的分叉概率间作出的妥协。更短的区块产生间隔会让交易清算更快地完成，也会导致更加频繁的区块链分叉。与之相对地，更长的间隔会减少分叉数量，却会导致更长的清算时间。

1.2.4　共识攻击

比特币系统的共识机制指的是，被矿工（或矿池）试图使用自己的算力实行欺骗或破坏的难度很大，至少理论上是这样。就像前面讲的，比特币的共识机制依赖于这样一个前提：绝大多数的矿工，出于自己利益最大化的考虑，都会通过诚实地挖矿来维持整个比特币系统。然而，当一个或者一群拥有了整个系统中大量算力的矿工出现之后，他们就可以通过攻击比特币的共识机制来达到破坏比特币网络的安全性和可靠性的目的。

　　值得注意的是，共识攻击[20]只能影响整个区块链未来的共识，或者说，最多能影响不久的过去几个区块的共识（最多影响过去10个区块）。而且随着时间的推移，整个比特币块链被篡改的可能性越来越低。理论上，一个区块链分叉可以变得很长，但实际上，要想实现一个非常长的区块链分叉需要的算力非常之大，而随着整个比特币区块链的逐渐增长，过去的区块基本可以认为是无法被分叉篡改的。同时，共识攻击也不会影响用户的私钥以及加密算法（ECDSA）。共识攻击也不能从其他的钱包那里偷到比特币、不签名地支付比特币、重新分配比特币、改变过去的交易，或者改变比特币持有记录。共识攻击能够造成的唯一影响是影响最近的区块（最多10个），并且通过拒绝服务来影响未来区块的生成。

　　共识攻击的一个典型场景就是"51%攻击"。想象这么一个场景，一群矿工控制了整个比特币网络51%的算力，他们联合起来打算攻击整个比特币系统。由于这群矿工可以生成绝大多数的块，因此他们就可以通过故意制造块链分叉来实现"双重支付"，或者通过拒绝服务的方式来阻止特定的交易，或者攻击特定的钱包地址。区块链分叉/双重支付攻击指的是攻击者通过不承认最近的某个交易，并在这个交易之前重构新的块，从而生成新的分叉，继而实现双重支付。有了充足算力的保证，一个攻击者可以一次性篡改最近的6个或者更多的区块，从而使得这些区块包含的本应无法篡改的交易消失。值得注意的是，双重支付只能在攻击者拥有的钱包所发生的交易上进行，因为只有钱包的拥有者才能生成一个合法的签名用于双重支付交易。攻击者只能在自己的交易上进行双重支付攻击，但只有当这笔交易对应的是不可逆转的购买行为时，这种攻击才是有利可图的。

　　下面看一个"51%攻击"的实际案例吧。假如Alice和Bob之间使用比特币完成了一杯咖啡的交易。咖啡店老板Bob愿意在Alice给自己的转账交易确认数为0的时候就向其提供咖啡，这是因为这种小额交易遭遇"51%攻击"的风险和顾客购物的即时性（Alice能立即拿到咖啡）比起来，显得微不足道。这就和大部分的咖啡店对低于25美元的信用卡消费不会费时费力地向顾客索要签名是一样的，因为和顾客有可能撤销这笔信用卡支付的风险比起来，向用户索要信用卡签名的成本更高。相应的，使用比特币支付的大额交易被双重支付的风险就高得多了，因为买家（攻击者）可以通过在全网广播一个和真实交易的UTXO一样的伪造交易，以达到取消真实交易的目的。双重支付可以有两种方式：要么发生在交易被确认之前，要么由攻击者通过块链分叉来完成。进行51%攻击的人，可以取消在旧分叉上的交易记录，然后在新分叉上重新生成一个同样金额的交易，从而实现双重支付。

再举个例子：攻击者Mallory在Carol的画廊买了描绘伟大的中本聪的三联组画，Mallory通过转账价值25万美金的比特币与Carol进行交易。在等到1个而不是6个交易确认之后，Carol放心地将这幅组画包好，交给了Mallory。这时，Mallory的一个同伙，一个拥有大量算力的矿池的人Paul，在这笔交易写进区块链的时候，开始了51%攻击。首先，Paul利用自己矿池的算力重新计算包含这笔交易的块，并且在新块里将原来的交易替换成了另外一笔交易（比如直接转给了Mallory的另一个钱包而不是Carol的），从而实现了"双重支付"。这笔"双重支付"交易使用了跟原有交易一致的UTXO，但收款人被替换成了Mallory的钱包地址。然后，Paul利用矿池在伪造的块的基础上，又计算出一个更新的块，这样，包含这笔"双重支付"交易的块链比原有的块链高出了一个块。至此，高度更高的分叉区块链取代了原有的区块链，"双重支付"交易取代了原来给Carol的交易，Carol既没有收到价值25万美金的比特币，原本拥有的3幅价值连城的画也被Mallory白白地拿走了。在整个过程中，Paul矿池里的其他矿工可能自始至终都没有觉察到这笔"双重支付"交易有什么异样，因为挖矿程序都是自动在运行的，并且不会时时监控每一个区块中的每一笔交易。

为了避免这类攻击，售卖大宗商品的商家应该在交易得到全网的6个确认之后再交付商品。或者，商家应该使用第三方的多方签名的账户进行交易，并且也要等到交易账户获得全网多个确认之后再交付商品。一条交易的确认数越多，越难被攻击者通过51%攻击篡改。对于大宗商品的交易，即使在付款24小时之后再发货，对买卖双方来说使用比特币支付也是方便并且有效率的。而24小时之后，这笔交易的全网确认数将达到至少144个（能有效降低被51%攻击的可能性）。

共识攻击中除了"双重支付"攻击，还有一种攻击场景就是拒绝对某个特定的比特币地址提供服务。一个拥有了系统中绝大多数算力的攻击者，可以轻易地忽略某一笔特定的交易。如果这笔交易存在于另一个矿工所产生的区块中，该攻击者可以故意分叉，然后重新产生这个区块，并且把想忽略的交易从这个区块中移除。这种攻击造成的结果就是，只要这名攻击者拥有系统中的绝大多数算力，那么他就可以持续地干预某一个或某一批特定钱包地址产生的所有交易，从而达到拒绝为这些地址服务的目的。

需要注意的是，51%攻击并不是像它的命名里说的那样，攻击者需要至少51%的算力才能发起，实际上，即使其拥有不到51%的系统算力，依然可以尝试发起这种攻击。之所以命名为51%攻击，只是因为在攻击者的算力达到51%这个阈值的时候，其发起的攻击尝试几乎肯定会成功。本质上来看，共识攻击，就像是系统中所有矿工的算力被分成了两组，一组为诚实算力，另一组为攻击者算力，两组人都在争先恐后地计算块链上的新块，只是攻击者算力算出来的是精心构造的、包含或者剔除了某些交易的块。因此，攻击者拥有的算力越少，在这场角逐中获胜的可能性就越小。从另一个角度讲，一个攻击者拥有的算力越多，其故意创造的分叉块链就可能越长，可能被篡改的最近的块或者受其控制的未来的块就会越多。一些安全研究组织利用统计模型得出的结论是，算力达到全网的30%就足以发动51%攻击了。

全网算力的急剧增长已经使得比特币系统不再可能被某一个矿工攻击，因为一个矿工已经不可能占据全网哪怕1%的算力。但是中心化控制的矿池则引入了矿池操作者出于利益而施行攻击的风险。矿池操作者控制了候选块的生成，同时也控制了那些交易会被放到新生成的块中。这样一来，矿池操作者就拥有了剔除特定交易或者双重支付的权力。如果这种权利被矿池操作者以微妙而有节制的方式滥用的话，那么矿池操作者就可以在不为人知的情况下发动共识攻击并且获利。

但是，并不是所有的攻击者都是为了利益。一个可能的场景就是，攻击者仅仅是为了破坏整个比特币系统而发动攻击，而不是为了利益。这种意在破坏比特币系统的攻击者需要有巨大的投入和精心的计划，因此可以想象，这种攻击很有可能来自政府资助的组织。同样的，这类攻击者或许也会购买矿机，运营矿池，通过滥用矿池操作者的上述权力来施行拒绝服务等共识攻击。但是，随着比特币网络的算力呈几何级数快速地增长，上述这些理论上可行的攻击场景，实际操作起来已经越来越困难。近期比特币系统的一些升级，比如旨在进一步将挖矿控制去中心化的P2Pool挖矿协议，也都正在让这些理论上可行的攻击变得越来越困难。

毫无疑问，一次严重的共识攻击事件势必会降低人们对比特币系统的信心，进而可能导致比特币价格的跳水。然而，比特币系统和相关软件也一直在持续改进，所以比特币社区也势必会对任何一次共识攻击快速做出响应，以使整个比特币系统比以往更加稳健和可靠。

1.2.5　区块链形态

数字货币、虚拟货币的圈子里永远不乏争吵。比特币社区中早已为扩容问题吵得不可开交，将区块链技术从中脱离开来后，关于使用何种类型的区块链，公有链和私有链孰优孰劣的争执，一时也甚嚣尘上。这里我们就好好地来场华山论剑，看看到底谁是"链中之王"。

本节要对比的区块链形态有3种：公有链、联盟链、私有链。联盟链介于公有链和私有链之间，实质上仍属于私有链的范畴，因此公有链的支持者对另外两者持一致的反对态度。在他们眼里，这就是无需许可VS需要许可。

下面先来介绍这3种部署方式不同的区块链。

● **公有链**：任何人都能读取区块链信息，发送交易并能被确认，参与共识过程的区块链，是真正意义上的去中心化分布式区块链，比特币区块链即是公有链最好的代表。

- 联盟链：根据一定特征所设定的节点能参与、交易，共识过程受预选节点控制的区块链。它被认为是"部分去中心化"或"多中心化"的区块链。R3组成的银行区块链联盟要构建的就是典型的联盟链。
- 私有链：写入权限仅在一个组织手里，读取权限可能会被限制的区块链。私有链没有去中心化特点，但具有分布式特点。私有链对公司政府内部的审计测试以及银行机构内的交易结算有很大价值。

它们之间的主要差异如表1-4所示。

表1-4 不同区块链的主要差异

	去中心化程度	权限和范围	经济奖励
公有链	完全去中心化	全球范围可以访问、交易	个人从中可获得的经济奖励与对共识过程做出的贡献成正比
联盟链	部分去中心化	读取、交易权限可设定	未知
私有链	中心化	写入权限仅在一个组织手里，读取权限可能会被限制	不需要奖励，可能没有虚拟货币

可以看出，联盟链和私有链与公有链相比，中心化程度不断提高，权限越收越紧。和完全开放、无许可必要的比特币公有链不同，联盟链和私有链在信息公开程度和中心控制力度方面有所限制，这些限制可以帮助区块链满足不同类型的应用需求。

公有链和私有链在其他方面也有着共同的优点[21]。尽管随着范围的缩小，私有链的安全性受到怀疑，但两者基于共识机制来保证的系统安全性仍然十分可信。区块链的不可篡改性和可追溯性特点在公有链和私有链上都有所体现。

公有链具有开放、成功经验、潜力和乌托邦等优势。

如互联网一样，公有链不设读取和交易权限，面向全球开放。互联网的成功已经告诉人们，突破性的技术通常都是建立在一个公平竞争的开放协议层中的，任何人都可以对其进行创新。网络的开放性让一切皆有可能。历史证明，开放的技术总是能够战胜封闭式花园的做法，是共识合并孤岛，而非孤岛自成大陆。

开放还从另一方面维护了系统的安全性。如此大规模的公有链可有效抵御双花攻击。以比特币为例，在当前情况下，要进行双花攻击需花费的资金总额在50亿美金以上，因此，从经济的角度说，实施任何攻击的收益都低于这个数额，且攻击收益随着比特币算力的增长而越来越低，攻击变得没有任何意义。

以比特币为例，今年是比特币问世的第8年，8年来这场"人类历史上最大的社会经济实验"并没有崩溃，没有双花，没有宕机，没有一笔交易出错。这足以证明公共区块链的稳定。在银行业看来，无间断运行的特性正是比特币区块链中最具参考价值的因素之一。有了这些基于比特币的开发工作，加上比特币区块链自身也存在后续变革，在吸收新兴区块链的优点，同时弥补自己的不足，公共区块链基础设施将变得更加可靠和可扩展。

在隐私、扩展性和交易速度等方面，公有链还有很大潜力可挖。公共区块链的隐私将通过使用"零知识证明"得到进一步提升。零知识证明指的是，证明者能够在不向验证者提供任何有用信息的情况下，使验证者相信某个论断是正确的。零知识证明实质上是一种涉及两方或更多方的协议，即两方或更多方为完成一项任务所需采取的一系列步骤。证明者向验证者证明并使其相信自己知道或拥有某一消息，但证明过程不能向验证者泄漏任何关于被证明消息的信息。除了声明的有效性，这个验证方法并不会透露出其他的信息。

未来，在公共区块链上构建私有业务也是有可能的，就好像现在能通过网络来构建安全的电子商务交易一样。随着未来区块链上智能合约的发展，区块链的扩展性将会有质的提升，届时公有链将会成为全球范围内的下一个互联互通的网络。

公有链完全公开、不受控制，并通过加密经济来保证网络的安全，这是很多追求自由的人心中的乌托邦。有人会嘲笑追求完全去中心化的信徒们，但公有链的确给了美梦成真的机会。因此它也会吸引那些不满足当下监管和中心化的金融市场，或者缺乏相关服务的人群和爱好者。但是也应看到，公有链也存在着分化严重和匿名带来的监管以及隐私保护等问题亟待解决。

矿池算力占全网算力比例的不断上升，使得比特币的共识机制蒙上了阴影。区块扩容的方案也几乎使比特币社区分裂，这一规则更改的过程也让许多人明白了：所谓去中心化的比特币，在重大议题上还是需要顾及核心开发者和算力大的矿池，而这就偏离了去中心化的初衷。

公有链在存储容量和能耗上对各个节点的影响很大。由于区块链需要所有节点备份整个账本，公有链的大范围此时便成了绊脚石。区块链本身存储效率偏低且检索效率不高，全网交易数据的增加以及今后智能合约的执行，都会增加对节点内存和存储空间的压力。这会对面向大众的公有链的发展产生影响，当然这也是私有链需要解决的问题。确认时间长和能量消耗大是工作量证明（PoW）带来的两个问题。尤其是因为对全球网络广播，公有链的交易确认时间一般情况下会比私有网络更长。此外，为了实现共识而产生的大量能耗，也削弱了公有链降低成本方面的优势。上交所专家朱立曾在评价区块链在金融交易层面的前景时说，公有链的应用方面，区块链的低吞吐量、高时延问题可能将长期存在，无法支撑海量的证券交易、信用卡转账等实际金融业务的规模。

完全匿名会带来监管的问题，成为滋生犯罪的温床。因为具有隐蔽性强、不可追踪的特点，比特币往往和外汇转移、恐怖组织融资、逃税等行为有紧密联系。这种联系也让各国监管层对其颇为警惕。例如，匿名性强的比特币能够在被称为"暗网"的网络集市上进行敲诈勒索，购买毒品和雇佣杀手等行为。著名暗网黑市"丝绸之路"上的大多数交易都使用比特币支付，难以追查，留下了监管黑洞。匿名性也有可能为反洗钱工作带来更大的挑战，因为区块链去中心化的性质并不符合传统的监管模式。公有链机制难以成为金融机构的解决方案，原因就是像比特币区块链这样的公共区块链，是不可能在发行链下的资产方面既具有免审查性又具有法律权威性的。

与匿名问题相对的是隐私问题。尽管每个节点背后的身份是匿名的，但是节点与节点之间的交易是全网公开并向全网广播的。这就带来一个问题，当匿名问题被解决后，交易双方的记录就完全暴露在全世界的公网中，这令人很难接受。这也意味着区块链上一个智能合约中的非参与者可以囤积或者卖掉某一资产，因为他们获得了智能合约上公开的信息。

此外，交易信息的公开也会影响金融交易，失去了信息不对称的优势将大大削弱金融机构的盈利能力。在华尔街的银行家眼中，真正"去中心化"的清算模式，将会让他们失去在"信息不对称"情况下所带来的优势，也随之失去"左手倒右手"的赚钱能力。

相比于公有链，私有链具有前景广阔、博采众长、减少威胁、灵活等优势。

区块链为建立一个成本很低且能够防止篡改的公共数据库提供了完美的解决方案。区块链作为金融机构结算、追溯等问题的解决方案，发展前景广阔，甚至会有颠覆性的影响。基于区块链的支付系统更快、更安全、性价比更高。通过区块链的应用，从技术上讲同样可以加强监督，提高透明度，而在金融机构等需要权限设置的场合，私有链能更好地契合金融界人士的痛点。在公证、审计、物联网甚至投票等方面，私有链都可以给出解决方案。

私有链仍保留着区块链真实性和部分去中心化的特性，并且在此基础上可以创造出访问权限控制更为严格，修改甚至是读取权限仅限于少数用户的系统，兼有去中心化和中心化的特点。由于存在权限设定和准入机制，区块链的节点基本可以确保无害，相对透明的熟人圈减少了作假和攻击区块链的可能性，权限控制也能减少风险。

不同于公有链的全网公开，私有链参与者即便拥有整套加密账本，通过加密私钥也只能浏览与其相关的交易并确保安全——所有交易会以加密的形式登录，包括时间、日期、参与者等。交易一旦入账，不可被删除、撤销或修改。

针对不同的应用场景，不同的私有链可以灵活调节自身。读取权限、交易权限和验证权限可根据需要进行修改，以应对隐私、追溯、管理的问题；各个节点可以自定义，由于接入节点少，可适当加大区块链对节点的负担，以提高可拓展性和安全性；经济激励机制在有些场合可以省略，挖矿机制也可以被其他方法取代以减少能耗，提高效益。

但私有链比较封闭，创新能力令人怀疑，存在信任等问题。

历史选择了各节点平等的互联网，因此，从私有链不同节点间权限不同这一角度看，很容易招致反感。从私有链覆盖的范围看，互联网的规律是共识合并孤岛，而不是孤岛自成大陆。私有链单独自成体系会引起互联网的抵制。

垄断的机构、企业不思进取，疏于改革，转身缓慢是很多人看衰的地方。除了创新动力不足外，金融界在对自身改革上也有着先天不足，一方面金融监管和银行间合作困难，另一方面银行创新速度慢，无法迅速整合资源。

私有链的技术障碍，例如隐私问题，只有通过所有参与者的高度协作才能解决。不过，在高度竞争的金融市场，要实现这一点并不容易。

尽管银行可能会尽量朝着区块链技术方向发展，但是他们会发现，传统的信息传递系统对结算策略执行所需的信息保密性、高吞吐量和可靠传输的要求还是可以满足的，这时他们就可能缺乏了运用区块链创新的动力。考虑到不断拖延的时间表以及各种巨大的障碍，可能会存在这样的风险：银行会对区块链失去兴趣，并决定追求一些没那么耀眼的技术，或者继续故步自封。

当参与区块链的节点数减少，节点身份被预置，节点权限不一，很多人就会担忧私有链的诚实问题。是否会存在联合起来控制私有链，影响区块链的信任程度的可能性？

尽管区块链被视作"信任的机器"，但一旦它的成员中出现一个控制率非常高的团体，或一组串通勾结的团体，区块链就会开始有问题。因此很有可能仍需要引入传统的信任/监管机制，这将会大大削弱区块链的效率。此外，规模较小的私有链很难证明没有"隐藏的可替代区块链"的存在，难以抵御双花攻击。

区块链的核心特性是去中心化、去中介化、无须信任系统、不可篡改性和加密安全性。当参与范围、权限大小被控制限定，会随意更改区块链的规则，那么以上的几个特性是否依旧存在就要打上一个问号了。学界甚至有专家将私有链看作是"共享式数据库一个令人困惑的别名而已"。

1.2.6　共识机制

分布式交易总账需要在尽可能短的时间内做到安全、明确及不可逆，便于提供一个最坚实且去中心化的系统。在实践中，该流程分为两个方面：一是选择一个独特的节点来产生一个区块，二是使交易总账不可逆。目前主流的共识机制有工作量证明（POW）、股权证明（POS）、授权股权证明（DPOS），还有瑞波和恒星的共识协议，以及以太坊的共识协议等。

1　工作量证明机制

比特币系统使用工作量证明机制，即所谓的挖矿，使更长总账的产生具有计算性难度。该机制通过与或运算，寻找一个满足特定规则的随机数，即可获得本次记账权，发出本轮需要记录的数据，在全网其他节点验证后一起存储。

工作量证明机制就像乐透游戏，平均每10分钟有一个节点找到一个区块。如果两个节点在同一时间找到区块，那么网络将根据后续节点的决定来确定以哪个区块构建总账。从统计学角度讲，一笔交易在6个区块（约1小时）后被认为是明确确认且不可逆的。然而，核心开发者认为，需要120个区块（约1天）才能充分保护网络不受来自潜在的更长的已将新产生的币花掉的攻击区块链的威胁。尽管出现更长的区块链会变得不太可能，但任何拥有巨大经济资源的人都仍有可能制造一个更长的区块链或者具备足够的哈希算力来冻结用户的账户。

工作量证明机制的优点是，完全去中心化，节点自由进出。其缺点也很明显，首先，目前比特币已经吸引了全球大部分的算力，其他再用工作量证明共识机制的区块链应用很难获得相同的算力来保障自身的安全；其次，挖矿也造成大量的资源浪费；再次，共识达成的周期较长，不适合商业应用。

2 股权证明机制

股权证明机制就是直接证明所有者持有的份额，虽有很多不同的变种，但基本概念都是产生区块的难度应该与所有者在网络里所占的股权（所有权占比）成比例。除了混合性的点点币（PPC）之外，真正的股权证明（POS）币是没有挖矿过程的，也就是在创世区块内就写明了股权证明，之后的股权证明只能转让，不能挖矿。到目前为止，已有两个系统开始运行，即点点币（Peercoin）和未来币（NXT）。点点币使用一种混合模式，用所有者的股权来调整相应的挖矿难度。未来币使用一个确定性算法，以随机选择一个股东的方式来产生下一个区块。未来币的算法基于所有者的账户余额来调整其被选中的可能性。未来币和点点币都分别解决了由谁来生产下一个区块的问题，但它们没有找到在适当的时间内使区块链具备不可逆的安全性的方法。根据笔者能找到的信息，要做到这点，点点币需要至少6个区块（约1小时），未来币需要10个区块。笔者找不到在10个区块后未来币能提供什么级别的安全性的根据。

基于交易的股权证明机制（Transactions as Proof of Stake，TaPOS）在每笔交易中都包含区块链中前一个区块的哈希值。通过该系统，对任何人而言，网络变得越来越安全而不可逆，因为最终每个区块都通过了股东投票。然而，TaPOS并没有定义谁来产生下一个区块。

在现实世界中，股权证明很普遍，最简单的就是股票。股票是用来记录股权的证明，同时代表着投票权和收益权。股票被创造出来以后，除了增发外，不能增加股权数量，要获得股票只能转让。在纯POS体系中（如未来币），没有挖矿过程，初始的股权分配已经固定，之后只是股权在交易者之间流转，非常类似于现实世界中的股票。股权从创世区块中流出，被交易者买卖而逐渐分散化。

3 瑞波共识机制

瑞波共识算法是指，使一组节点能够基于特殊节点列表达成共识。初始特殊节点列表就像一个俱乐部，要接纳一个新成员，必须由51%的该俱乐部会员投票通过。共识遵循这核心成员的51%权力，外部人员没有影响力。由于俱乐部由"中心化"开始，因此它将一直是"中心化"的。与比特币及点点币一样，瑞波系统将股东们与其投票权隔开，并因此比其他系统更中心化。

4 授权股权证明机制

当使用去中心化自治公司（Decentralized Autonomous Company，DAC）这一说法时，去中心化表示每个股东按其持股比例拥有影响力，51%股东投票的结果将是不可逆且有约束力的，其挑战是通过及时而高效的方法达到51%批准。为达到这个目标，每个股东可以将其投票权授予一名代表，获票数最多的前100位代表按既定时间表轮流产生区块。每名代表分配到一个时间段来生产区块。所有的代表将收到等同于一个平均水平的区块所含交易费的10%作为报酬。如果一个平均水平的区块含有100股作为交易费，一名代表将获得10股作为报酬。网络延迟有可能使某些代表没能及时广播他们的区块，而这将导致区块链分叉。然而，这不太可能发生，因为制造区块的代表可以与制造前后区块的代表建立直接连接。这种建立与你之后的代表（也许也包括其后的那名代表）的直接连接是为了确保你能得到报酬。该模式可以每30秒产生一个新区块，并且在正常的网络条件下区块链分叉的可能性极其小，即使发生也可以在几分钟内得到解决。

股份授权证明机制DPOS（Delegate Proof of Stake）是一种新的保障加

密货币网络安全的算法。它在尝试解决比特币采用的传统工作量证明机制以及点点币和未来币所采用的股份证明机制的问题的同时，还能通过实施科技式的民主以抵消中心化所带来的负面效应。

通过引入"受托人"这个角色，DPOS可以降低中心化所带来的负面影响。一共有101位受托人通过网络上的每个人经由每次交易投票产生，他们的工作是签署（生产）区块。通过去中心化的投票过程，DPOS能让网络比别的系统更加民主。与其要让我们完成在网络上信任所有人这个不可能完成的任务，不如让DPOS通过技术保护措施来确保那些代表网络来签署区块的人们（受托人）能够正确地工作。除此之外，在每个区块被签署之前，必须先验证前一个区块已经被受信任节点所签署。像DPOS这样的设计，实际上缩减了必须要等待相当数量的未授信节点进行验证后才能够确认交易的时间成本。

第2章

通往区块链之路

2.1 区块链与行业应用

　　区块链是一种技术，一种底层协议，但是它代表着一种去中心化的思想。凯文·凯利在《必然》中提到"现在，我们正处在长达100年的伟大的去中心化进程的中点。"去中心化的思想，不论在企业管理还是政府管理，都有广泛的实践。区块链作为一种思想，在没有"区块链"的时候就已经存在了，而区块链技术本身则是通过一种可行的技术手段来践行去中心化的思想。

　　从PC时代到互联网时代，企业从金字塔的组织结构过渡到扁平化的组织结构，这点在互联网企业里尤为明显。扁平化不是形式的调整，而是企业的质变，随着扁平化的调整，企业相应的战略、市场、管理、文化和制度都随着改变，把权力从过去的老板手中下放到各个自组织的部门的负责人手中，开始权力去中心化，给更多的人赋权。这种改变也是一种区块链思想。对于政府管理领域，由过去政府主导资源配置的计划经济调整到市场资源配置为主导的市场经济，也是一种资源配置的去中心化。去中心化，能够形成一种相对稳定的耗散结构，这是必然的趋势。

　　去中心化的趋势，会带来包括知识、软件、服务等各类资源的共享。人成为整体的一部分，而人的各种欲求驱动着各种所需，所有的需求都可以通过云端去获得，去满足。区块链的思想能够帮助去中心化的进展变得更加理性，更加有保障。Uber是一种去除出租车公司这个中心化组织后的一种共享商业模式，但是Uber去除的是全球成千上万的出租车公司这样的多中心，形成了相对自我弱化的以自己平台为核心的弱中心，本质上还无法做到完全的去中心。这似乎是一个悖论，就像一个硬币的正反两面还是它自身，去中心或者不去中心，都是其自身。这个悖论的根源，或许来源于维持系统稳定需要有一个负熵流[22]，这个负熵流无法从外部引入，只能以Uber公司本身来维持，而平台的一部分开放性是形成耗散结构的必要条件之一，这正是Uber存在的合理性之一。

作为区块链思想的践行者，无论是政府部门还是商业公司，无论是营利组织还是非营利组织，无论是个人还是组织，要对区块链技术本身形成先形而上，再形而下的概念。技术本身在当下是已固化的，但对于企业的决策者和企业的业务而言，它又是灵活的，不断变化的，而且技术的发展方向也需要和企业的业务发展方向相互吻合。虽然不能要求绝对的吻合，但是两者需要保持良性的互动。因此，从企业业务发展的角度来看，也要求技术在不断地随之进化。技术是生态系统的一部分，能够自组织、去中心化地跟随外部环境进化，而企业也是生态系统的一部分，需要随时通过调整自身，提升自身的竞争力和适应能力以应对外部市场环境的变化。

借用刘慈欣《三体》里的一句话，"弱小和无知不是生存的障碍，傲慢才是"。站在思考的角度去看，区块链、企业业务本身及两者的融合才能更好地让技术成为好的"术"，为企业发展之"道"服务。

利用互联网和信息技术改进传统行业并非很新的概念，事实上，在很多相对开放的行业里，都有许多成功的实践案例。而通过区块链技术改进传统行业，可以进一步提升企业的效率，降低运营成本，使企业的运作更具灵活性，并且能够快速响应市场需求的变化[23]。区块链技术的优势通过和传统行业的深度结合，可以在传统行业中找到新的商业模式和就业机会，使传统行业跃迁到下一个增长范式，成为经济发展的一大推动力。

"互联网+"和"+互联网"现在正在蓬勃发展，而互联网自诞生的第一天开始，就逐渐改变了人和企业、企业和企业、人和人之间的连接方式，使得经济和社会层面的总体效率有了很大的提升。市场上有各种介绍互联网思维框架的书籍。对于企业管理者或决策者，亦或正在互联网行业创业的企业家而言，真理其实往往都是非常简单的，或许就是一句大白话。而思维框架本身并不是思维，以为读几本互联网思维框架的书籍，就能够借以放之四海而皆准，这就是教条主义了。事实上，在没有互联网的时候就已经有"互联网思维"了。如果我们不能去理解其实质，那么就无法针对特定问题做特定的分析和应用。

从区块链的未来发展趋势来看，会存在两条路线，一条是传统行业+区块链，另一条是区块链+传统行业。短期内很难看到区块链+传统行业这种情况，并且区块链技术本身还处于早期阶段，需要继续发展，而这种发展会带来很多变化，并最终在市场上形成几个区块链巨头。只有形成区块链平台公司、数据公司后，才有可能衍生出区块链+传统行业。目前，对于传统行业而言，+区块链是更切实际的一条路线。从企业的角度来看，不能为了技术而技术，为了区块链而区块链，企业有其自身的诉求，企业的客户也有自身的诉求。区块链技术是区块链思想践行者的手段，最终目的是要为企业，亦或客户创造新的价值，这种新价值的创造前提就是要解决企业的痛点。

在运用区块链技术解决企业的"痛点"之前，还存在另外一个"痛点"需要解决，那就是看起来很复杂的区块链技术和传统行业的业务之间缺乏一座桥梁。作为新兴的前沿技术，区块链技术对于传统企业的决策者和管理者而言，是非常陌生的，而且技术原理也让他们难以理解，并且同行业中也没有可参照的成功应用案例，这为传统行业落实创新技术的应用造成了很大的困局。好的技术如果不能找到好的应用场景，就不会有好的结果。如笔者所知，国内有物流企业对区块链技术感兴趣，但是对于怎么落地应用，或者为什么要用区块链技术，非常疑惑。对于很多传统企业的决策者而言，目前我不用这个区块链技术，同行也没有在用的，那么我业务运转得好好的，为什么要用这个新技术呢。传统行业对原有的业务模式、技术范式通常存在着路径依赖，这也是新技术在传统行业内应用困难的原因之一。对于各类区块链技术创业公司而言，即使可以提供免费的开放平台服务，但是从企业角度看，他们需要投入资源去落地，这个过程需要时间、人力成本等，还要担着失败的风险。因此，新技术的应用和落地，对于利润不高的传统行业而言需要付出不小的代价，其谨慎的风险偏好需要在同行业有成功案例后才有可能改变。

上文提到"区块链技术和传统行业的业务之间缺乏一座桥梁"，这个"桥梁"必须是既精通企业整体业务，又能够深刻理解区块链技术的复合型专家。专家们把两者融会贯通后，站在一定的业务和技术高度才能有落地的应用方案，而这种方案一定要能为企业和客户带来应用价值，也就是要解决他们的痛点，否则就会成为"为区块链而区块链"的华丽摆设。

从目前区块链技术在市场的普及情况及行业客户和大众的认知上看，还需要有一段时间的酝酿和普及的过程，这个过程可能相当漫长，但却是必然的过程。任何新生事物从落地到应用发展，都需要过程，这是一个需要完成新技术和市场结合的过程，需要完成技术本身自我蜕变的过程，需要完成市场认知教育的过程，需要完成技术作为市场和商业世界的有机部分，随着商业世界这个生态系统一同进化的过程。

2.1.1　传统行业与区块链

从区块链技术的应用方式看，既可以以破坏性创新的方式去创造新的商业模式，也可以在企业内部可控的范围内以微创新的方式去应用。从区块链技术的应用市场上看，既可以在成熟的红海市场里应用，开辟新的细分领域的蓝海市场，也可以直接开辟一片蓝海市场。对于红海还是蓝海，都是短暂的，蓝海最终也会归于红海，红海里也可以创造新的蓝海。所以从区块链技术的应用上看，不必刻意区分哪种方式好用，技术终究还是要为客户，为人或者为人性服务的。对于成熟企业，可以以微创新的方式去应用，而对于区块链领域的创业企业，可以以创新商业模式的方式切入具体的细分领域，这样更加理性一些。成熟的市场存在大量的既得利益者和成熟厂商，要切入这个市场，难度和代价都会非常大，初创企业和某些中小企业，很难有这样的资源切入并在这个市场里生存下去。

而对于传统公司+区块链中的"+"，应该不是简单的直线链条里加上一个新技术。正如互联网刚兴起的时代，很多企业以为给公司建一个官方网站就算成功转型为互联网企业了，这在现在看来对互联网的理解未免有些简单化。传统公司+区块链中的"+"，不是简单的物理上的链接，而是区块链思想和企业融合，发生"化学反应"的"化学上"的"+"，是彻底重塑企业的全生命周期的价值链，使企业价值链上的每个利益相关者的价值实现最大化。

企业的价值链包括价值分析、价值设计、价值创造、价值传递、价值实现和价值体验等多个环节。区块链思想的实践也需要从这几个环节去重塑企业的价值链，以价值创造和增加为目标，以企业大战略为导向，以颠覆性技术创新为核心，实现企业的各种创新，包括战略创新、组织创新、市场创新、管理创新、文化创新以及制度创新等。

区块链思想的实践，在企业内部很可能就是对流程及组织的重构，这样的重构才能最大化地发挥区块链思想的效用，这样的过程对于企业的变化和调整是全面的。

首先，区块链思想的实践，需要组织创新的跟进。应用区块链技术，改变了原有的业务流程，如重复审计的环节可以取消掉，这就需要重新调整企业的组织架构，让新的组织架构和岗位职能能够适应区块链的应用变化，而这种变化的结果，也会带来人事的调整。这种调整的实践，往往需要依靠自上而下的方式去推行，推行自然会有阻力，阻力的化解需要一定的技巧，其他配套的变革也要跟进，否则变革会对企业的运营产生负面作用。所以，颠覆性的技术，更适合于重新创造新的商业模式，开辟新的蓝海，这样竞争者少，阻力小；或者在新兴企业里，依靠决策者的变革力量去推进落实。对于区块链领域的企业而言，市场定位非常重要，在很多细分行业里，要寻找到那些作为先行者的客户，由这样的客户的成功应用来带动对新技术持怀疑或者观望态度的客户加入应用队伍。

其次，区块链思想的实践，需要技术创新的跟进。颠覆性技术的实践，对于企业而言，不管是组织人员自研，或者底层采用第三方平台（比如以太坊），还是和区块链开发公司合作开发，对于技术上的创新都需要与时俱进。区块链技术需要不断地演变，这个变化需要让技术和企业的业务相互适应。这个过程不是一朝一夕完成的，技术底层上的创新也好，业务应用的创新也好，都需要不断地思考和实践。同时，对于企业的技术团队而言，这也是一个很大的调整，因为区块链技术相对于目前很多主流的开发群体而言，还是比较陌生的，不管是技术架构，还是上层应用的开发脚本，都需要重新学习。

所以，对于区块链技术的应用落地，需要企业的技术团队也进行一个调整，需要他们去拥抱新技术体系的变化。同时，具备业务研发能力后，才能把新的颠覆性技术很好地和企业自身业务相结合，落地应用才能四处开花。

最后，区块链思想的实践，需要市场创新的跟进。区块链在企业内部的应用，需要全营销设计，如果应用无法产生价值，或者产生的价值无法传递给企业的最终客户，那么其应用就难以成功。区块链的应用是广泛的，例如在禽肉追溯系统里增加区块链的应用，通过物联网技术和禽肉追溯系统的结合，可以让消费者更加放心地购买禽肉，这对于消费者和企业都是双赢的。但是这里需要一个认知教育的工作，就是要让大众消费者了解到区块链在企业禽肉追溯系统里的价值，这个价值的营销设计，需要全方位地进行。

2.1.2　+区块链的应用要点

技术的演进、市场的认知都不是短期内可以完成的，在这个过程中，作为企业也不能错失实践颠覆性技术为企业和客户创造价值的大好时机。对于企业而言，有以下几个方面需要注意。

首先，要找到好的应用场景，这是关键。找到好的应用场景，需要企业的决策层、管理层或者核心员工能够参与到区块链的学习中。如果不能很好地掌握区块链思想，那么很难找到好的应用场景。

其次，应该意识到，在当前的环境下，应用区块链技术所建立的系统本身，虽然是有公信力的，但是录入到这个区块链系统的信息是来自于外部的，不是完全可信的。这一点是当前区块链应用过程中需要特别注意的。目前区块链的应用可以完全实现的是能够确保记录的结构化信息和非结构化信息是真实的，可以作为后续工作真实可信的凭证，而且几乎是无法被黑客攻击或者非法获取与篡改的。而对于外部信息需真实可信问题，可以采用中心化方式来解决。因此目前的区块链应用会呈现出区块链的去中心化和中心化相结合的形态，这也就说明了区块链技术应用在目前是有局限性的。

最后，当前区块链背后的匿名性带来了不可追踪性，这是由比特币的内在矛盾导致的。而区块链的应用，需要根据不同行业的自身特点进行自我调整来加以适应，需要重新设计合适的权限规则。目前，私有链对于一些企业只是一种选择。而实践是检验真理的唯一标准，区块链的进化还在进行之中，企业应该着手学习和研究区块链技术。因为在这个多变的时代，竞争者往往不仅来自于同行业的对手，那些全方位的、不断学习中的企业都将成为明天的强力对手。

区块链与人工智能

2016年3月，随着人机围棋大战最终以Alpha Go凭借4∶1的战绩完胜李世石，**Alpha Go**所代表的人工智能概念开始窜红。而从2015年开始，中国互联网公司也掀起了布局人工智能的热潮，扩展了人工智能团队。在过去几年中，由人工智能技术（AI）掀起的革命充分改变了世界，目前可以肯定的是，人工智能（AI）技术将被更广泛地应用。

随着人工智能的快速发展，其安全可靠性和用户体验越来越受到人们的关注，而目前最受关注的技术就是通过区块链来帮助人工智能实现契约管理，并提升人工智能的友好性。

区块链是一个去中心化的公共账本，在其上运行着像比特币这样的加密货币；区块链也许是下一代的互联网，是一项信息技术，是一个无需信任的网络，是一个为机器经济服务的M2M/物联网支付系统，它还是一个规模化的共识机制，这是我们一直在等待的一项技术——可以把我们引入到一个友好的机器智能时代的技术。

相比于其他技术，区块链有以下5点理由能够实现友好的人工智能。

1 声誉

在当前的物理世界和数字货币交易中，声誉被证明是一项可以参与运作的重要机制，在未来社会也有可能继续存在。人们在意自己的声誉，会采取措施来加强和保护它。

对于区块链网络的智能合约来说，声誉也被当成一种关键特性。代理、人类以及其他一切未来可在网络上操作运行的，都会关心他们的声誉，并采取措施来维护它。

2 资源参数

随着区块链数字化足迹的延伸，它们的运作将会直接或间接消耗现实世界的资源，比如储存、CPU/GPU以及内存所需的原材料和能源消耗。这些资源将会以独立资源的形式或更多完整包的形式出现，比如即时的分散型虚拟化设备。

区块链人工智能会面临与人类资源经济以及其他需求相竞争的情况，但能通过友好的竞争方式来完成。因为区块链人工智能必须获得现实世界的资源才能得以支撑，倘若不友好，所得资源将会受限或价格昂贵，友好型人工智能由此而生。

3 共识模式

区块链可以被当成一种分散型技术，因为有一个独立的第三方采矿机制可供检阅和记录交易。只有诚意的交易才能被确认和记录。这意味着，只有友好的人类或人工智能才能执行交易。

而区块链的共识机制恰巧可以在比特币的"连接的世界"中，在人类和机器之间的信息交流方面有效地发挥作用，使得越来越多的自主的机器行为出现，并导致真正的人工智能，实现技术上的突破（机器智能代替自然人智能的时代也将到来）。

例如，可以通过区块链对用户访问进行分层注册，让使用者共同设定设备的状态，并根据智能合约做决定，这不仅可以防止设备被滥用，还能防止用户受到伤害，可以更好地实现对设备的共同拥有权和共同使用权。通过引入区块链技术，有助于提升人工智能的用户体验及安全可靠性。

4 对资源进行智能化管理和使用

代码的技术规格决定了共识模式、货币交易和智能合约执行中的每一个细节，这将导致区块链设备带有资源管理和使用的智能化行为。区块链人工智能必须使每笔交易都具有成本效益，其中包括人对人交易、人对机器交易、机器设备之间的交易。

5 经济学理论的支持

当今世界，是把经济学作为一种基本的组织模式，也可能基于此构建未来的世界。经济学作为一种模式意味着合理的代理机制会与审批机制相呼应。

由于博弈论的存在，交易需要友好的人工智能理念支持。

2.2.1 未来人类社会的发展——区块链

以长远的角度来展望，未来的社会有可能会发生翻天覆地的变化，其中有些现象会让现代人感到匪夷所思：增强型人类，人类和机器不同形式的混合体，数字头脑上传，不同形式的人工智能（如模拟大脑），以及先进的机器学习算法。这些智能可能不能被孤立地操作，而会被连接到一个可以互相通讯的网络。为了实现他们的目标，数字智能将要求其在网络上进行某些交易，其中许多任务可以通过区块链和其他的共识机制自动管理。

共识模型的一个真正好处是，他们有可能使友好型的人工智能得到加强，即有合作精神的、遵从社会道德规范的个体。在去中心化的信任网络里，代理人的名誉（代理本身仍然是匿名的）可成为其交易是否会被执行的一个重要因素，例如，恶意玩家的交易请求将不能获得批准执行或在网络上被认可。（恶意玩家伪装成善意玩家也无妨，因为信誉要求和引出良好行为

的网络激励机制，是由所有玩家一致评价得出的，对恶意和善意的评价标准都是一样的）

任何数字智能体可能要执行一些关键的网络操作和任务，包括安全访问、认证和验证、经济性交换。如果可以有效运行的话，届时任何网络交易、任何智能体想要实现他们的目标，要达成某项操作时，将需要一个多方一致的签名，这个签名无法获得，除非它在网络上拥有良好的（慈善的）声誉。这也就是为什么友好的人工智能体可以在一个以共识模型为基础的区块链上被执行的原因。

区块链一致推荐的数据是一种高精度的信息技术。区块链是信息技术，可以把密集的、自由流动的，由共识衍生的信息划分为3个层级。第一级是垃圾信息，以及未增强的、未调制的数据；第二级是社交推荐数据，由社交网络同行所推荐的丰富的数据元素；第三级是区块链共识推荐的数据，拥有区块链上一致支持的、高精确度和高质量的数据，也是最高推荐水平。这种一致推荐的数据当然是由群体的投票所确认的，数据的质量依靠去中心化的投票系统，由无缝连接的自动执行机制来实现。很有可能，区块链恰恰就是可扩展的信息认证和验证机制，笔者认为它就是那个有必要扩大到全球，最终跨越行星系的技术。区块链作为一项伟大的信息技术创新，在有关信息的质量和真实性上，区块链将为人类提供高精度调制。

纵观国内各大企业，目前BAT三巨头（百度、阿里巴巴、腾讯）的互联金融布局相比来说最为完善，各个领域基本均有涉及，如支付、理财、保险、众筹、基金、银行、小贷等。对比来看，在渠道方面，腾讯的用户基数最大，社交矩阵最强；在数据方面，阿里巴巴的电商平台积累了大量的消费数据，价值最高；而在技术方面，百度正积极尝试将人工智能和互联网金融结合起来，通过人工智能和大数据的结合，使越来越多的人有机会被纳入到征信体系中，为用户提供更贴心的信贷、智能资产配置等金融服务。

2.2.2　区块链在人工智能领域的应用

IBM从2016年开始在GitHub上开源了多达4.4万行的数据区块链技术源代码，而区块链是IBM分布式物联网架构开源平台Adept的关键技术。包括很多媒体和专家人士在内，越来越多的人相信，透明的、去中心化的数据区块链技术将改变普通大众的生活，并对包括金融、网络安全、音乐、物联网、物流、博彩等多个产业将产生深远的影响。来自英国的一份最新论文对块链技术的实质和在社会化金融创新领域的潜力进行了深入论证[24]，值得有兴趣的读者参考。

源自比特币金融系统的数据区块链技术能够记录几乎所有类型的交易数据，并且这些数据为所有比特币节点所共享。区块链不需要依赖中央控制系统，它利用先进的加密技术发送经过验证的数据，来源可信且传输中难以被截获，比传统的网络金融系统具有更好的可靠性、可用性和安全性。

因为区块链技术具备了诸多优点，所以它不仅改变了网络金融的运作方式，而且还改变着互联网应用的构建方式[25]。例如，采用区块链技术的分布式物联网设备之间不但能够分享数据，还能分享计算力、带宽甚至电力，这将是改变世界的物联网技术革命。

为推动区块链技术的商用，IBM已经推出了面向开发者的"Blockchain as a Service"服务，通过IBM云计算平台的Bluemxi和API基础架构来支持外部数据的对接[26~28]。例如，用户可以将物联网信息通过沃森人工智能平台接入区块链系统。IBM还向开发者开放了用于开发决策支持应用的一致性算法，对于区块链这样的对等网络来说，决策支持对应用来说至关重要。例如，在智能合约这个最高级的块链技术应用中，区块链扮演着第三方担保方，缔约双方只需配置完履约条件，如东城区是否下雨，就可以在合约执行日期由区块链系统自动读取来自物联网的天气数据以决定资金是否转账给事先约定的一方。

事实上在区块链系统中，音乐爱好者可以直接向音乐著作人支付版权费用，而不再需要向苹果iTunes或者谷歌的Google Play等第三方平台支付。

对于区块链技术来说，从网络金融向其他行业应用拓展还面临着诸多问题，传统行业的系统应用惯性很大，而最大的障碍来自人们对这种完全开放的新技术合法性和安全性的质疑。IBM开源区块链源代码最大的意义也许不在于代码本身，而是首次有IBM这样级别的IT巨头为区块链技术背书，就像十几年前IBM为Linux背书一样。IBM还是区块链开源项目——超级账本（Hyperledger Project）的积极贡献者[29]。

2.2.3　人工智能和区块链在互联网金融中的应用

在金融界，人工智能和区块链领域的科技创新技术正在逐渐受到青睐。互联网金融在国外被称为Fintech，中文称之为金融科技。线上获客、大数据风控、理财自动化等各方面都和技术革新息息相关。举例来说，依托数据和技术，支付宝可以将一笔支付交易的成本做到2分钱，而传统银行一般是两三角钱；传统金融机构放贷流程可能要好几天，但互联网金融平台则可以做到几分钟内完成审批。互联网金融今天之所以能产生如此大的颠覆性能量，从某种程度上来说，是因为技术的创新。

而人工智能和区块链则是我们熟知的互联网金融领域中最具想象空间的技术。区块链是去中心化分布式的集装系统，具有不可撤销性的特征，这会提高交易的精度，也会简化数据处理的流程，更会降低保持数据原始性和交易可追溯性的成本。此外，区块链还具有数字化的特征，几乎所有的文件或资产都能够以代码或分类账的形式体现，这意味着这些数据都可以被上传至区块链。人工智能则很有可能改变现有的金融模式，其和大数据的结合，让越来越多的人有机会被纳入到征信体系中，也还能根据用户画像更精准地洞察用户需求，最终实现资产的智能化配置。

一旦人工智能和区块链技术结合在一起，就可能会产生一种全新的模式，区块链技术能够实现几乎无障碍的价值交换，人工智能则有着高速分析海量数据的能力。

2.2.4　人工智能和区块链在医疗行业的应用

区块链和医疗体系结合起来并广泛应用，效果会不错。从稳健且可操作的医疗记录到药物治疗证明，创造新价值到增强医疗体验，机会无处不在[30、31]。医学档案是一个针对医疗体系开发的区块链项目。一方面，作为交流平台，可以由医生把病人的病症和病历资料分享到区块链，和其他医生交流分析治疗方案，对于疑难杂症或特殊病情，可以向名医专家请求分析指导，实现全球会诊功能，造福病人。另一方面，作为健康档案记录，区块链的医学档案记录了病人所有的历史医疗信息，可以让医生便利地掌握病人的原始病历，进行更准确的治疗。

医疗行业目前遭受大规模的数据质量问题——这些问题可能会来自于医生或者临床医生的错误、黑客攻击，或者相同的电子病历（EHR）因为同时编辑而未能够更新。不管怎样，医疗记录远没有达到可以被完全信任的地步。区块链技术有助于解决这些问题，因为没有任何实体将会负责掌管这些数据，但同时各方又都要负责维护数据的安全性和完整性[32]。这种方式为医疗提供了唯一的真实性来源，使系统不再受限于人为错误，也不需要人工对账。由于区块链技术的历史数据不可篡改，可以记录任何时刻的医疗健康记录，包括各种修改信息记录，同时还具有非常好的加密技术，保障病人的医疗健康信息，防止被黑客盗取，充分保障病人的隐私。在未来，人们还可以把人工智能和区块链的医疗健康档案结合起来，人工智能将能通过区块链记录的历史数据及时进行健康提醒，从而在初始阶段根除小病。

2.2.5　Sapience AIFX与区块链

Sapience AIFX由人工智能专家Joe Mozelesky发起，他希望通过此项目在世界范围内建立新秩序。数字货币的发展也会对该项目有着巨大的潜在推动作用。

基于目前Sapience AIFX的蓝图，它将会对全世界范围内数字货币的用户体验产生深远的影响，并且将极大地强化目前数字货币领域去中心化的程度；通过将人工智能技术、区块链以及P2P网络相结合，给目前的市场带来一个全新的革命性颠覆。与此同时，该项目还将对其他技术革命带来深远的影响。比如，对基于P2P比特币协议的去中心化的数据库平台，这也是一个非常大的改良，因为它使得分布式的哈希算力表（a Distributed Hash Table）以及基于树的索引（Trie-based Indexing）成为可能。

Sapience AIFX对于现状的另一个极大地推动就是第一个实现了钱包内的交互式Lua外壳。钱包内的交互式Lua外壳可以让全世界的人都能创建节点，从而增加了区块链的稳定与可靠性。Sapience AIFX对于多层感知网络以及分布式数据存储也将带来深远的影响。截止目前，这两个研究方向是较少被涉及的。

另外，通过对区块链的重构以及主节点的修复，用户在Sapience引擎的引领下得到的将是不平行的体验。总之，如果Sapience AIFX成功，那么人们和区块链以及数字货币的交互方式将得到改善。通过创建钱包内的节点（与Counterparty协议相容）意味着将来的数字货币钱包将不再只有一种功能，而会被加入更多的功能，这将是今后数字货币持续发展的一个特征。

2.3 区块链与未来金融

2.3.1 区块链技术已在金融领域逐步兴起

一个没有领导者和控制者的全新组织——The DAO（Distributed Autonomous Organization，分布式自治组织）[33]，没有传统的企业组织架构，只通过计算机代码创建和自动运行，从4月30日创建到5月16日，短短两周多时间，已经募集了1070万个单位的以太币（Ether），大约价值1.1亿美元（一个单位的以太币价值约10美元），创造了区块链众筹项目的惊人记录。尽管就目前而言，The DAO还是理论上的产品，但其众筹项目受到热捧，表明区块链技术已经在全球越来越多地获得认可。

2015年9月，由金融技术公司R3 CEV领导发起的区块链联盟宣布成立。该联盟主要致力于区块链概念验证的试验和区块链技术标准的制定，以及探索实践用例，并建立银行业的区块链组织。该联盟成立至今已吸引了包括花旗银行、瑞士信贷、德意志银行、富国银行、汇丰银行、摩根士丹利、摩根大通、高盛、加拿大皇家银行、荷兰ING银行、巴克莱银行、澳大利亚国民银行和法国兴业银行等42家巨头银行参与，这表明银行之间对于如何利用区块链于金融层面达成了原则上的共识。

花旗银行还在内部发行了自己的数字货币"花旗币"；瑞士联合银行

（UBS）在区块链上试验了二十多项金融应用，包括金融交易、支付结算和发行智能债券等。

2015年12月30日，纳斯达克也完成了基于区块链平台的首个证券交易，对于全球金融市场的去中心化具有里程碑般的意义；澳洲证券交易所也已考虑使用区块链替代原有的清算和结算系统，并计划在2016年底启动对清算和结算系统的升级。

国外银行及金融机构在区块链方面的频频举动也引起了国内的广泛关注和重视。2015年10月，首届全球区块链峰会"区块链—新经济蓝图"在上海举办，来自央行金融研究所、央行征信中心、上海证券交易所、陆金所、德勤会计事务所等全球约200位包括银行、支付、证券、大宗商品等金融行业及其他对区块链技术应用前景有兴趣的行业专业人士参加。国家互联网信息办公室的文件中也再次提到了区块链技术，"虽然有人认为比特币及其区块链技术还不够稳定，但也无法忽视其对于支付带来的革命性变化。究其根源，是互联网和新技术发展带来了分布式支付清算机制的拓展，进而可能推动分布式金融交易创新。"2016年1月20日，中国人民银行召开数字货币研讨会，提出争取早日推出央行发行的数字货币。

作为支撑比特币发展的基础技术，区块链技术近年来受到互联网和其他领域专业人士的热捧，被普遍推崇为下一代全球信用认证和价值互联网的基础协议之一。它的出现预示着互联网的用途可能从传统信息传递逐步转变成为价值传递，从而对传统金融行业带来前所未有的革命和挑战。前美国财长萨默斯就曾表示，区块链技术"极有可能"永久改变金融市场。高盛此前也曾表示，区块链技术在金融服务、共享经济、物联网领域都存在着无限的想象空间。区块链技术能够大幅提升资本市场和金融机构的效率，甚至可能引发部分市场功能的脱媒。股票、外汇和信贷等的交易结算，可能因为区块链技术的引入而彻底改变。以跨境支付为例，在传统支付模式下需要2~3天的处理时间，而区块链采用点对点的支付方式，只需几秒至几个小时即可。西班牙桑坦德银行发布的研究报告指出，通过减少跨境支付、证券交易及合规中的成本开支，区块链技术每年能为银行业节省150亿～200亿美元。

2.3.2　区块链契合金融的本质

众所周知，金融在现代社会及经济活动中扮演着重要的角色。在融通资金的过程中，引发了信息传递、交流沟通、交易确认、账户记录、支付结算、资金转移等一系列活动。在这系列活动的背后，支撑金融有效运转的要点是信任关系，然后才是建立在信任基础上的交易成本降低、交易效率提升、金融风险控制、金融安全防范等问题。当前金融体系仍主要靠强化中心化来解决信任问题。为维护信任，在金融业的发展历程催生了大量的中介机构，包括托管机构、第三方支付平台、公证机构、银行、政府监管部门等。但中介机构处理信息仍依赖人工，且交易信息往往需要经过多道中介的传递，因而信息出错率高且效率低下。在实践中，权威机构通过中心化的数据传输系统收集各种信息，并保存在中心服务器中，然后集中向社会公布。中心化的传输模式同样使得数据传输效率低、成本高。区块链基于共识机制建立起来的集体维护的分布式共享数据库，具有去中心化、去中介化、无须信任系统、不可篡改、加密安全、交易留痕并可追溯、透明性等优点，可以有效绕过诸多中介，降低沟通成本，提高交易效率，快速确立信任关系，或在交互双方未建立信任关系时即达成交易，进一步靠近了金融的本质属性和内在要求。同时，在区块链环境下，形成无人干预和管理的自主运行系统，可大大降低现有技术下的系统管理和维护成本，提高了金融业体系的经济效益。因此，可以明确的是，区块链技术在金融系统的逐步应用过程，是金融脱媒、脱介的过程，是金融弱中心化、去中心化的过程，是交互信任方式转变的过程，是金融淡监管、去监管的过程，从而实现由手动金融向自动金融转化，由间接金融向直接金融转化，由封闭金融向开放金融转化，由歧视金融向平等金融转化，由监管金融向自治金融转化，最终实现自金融（即人人金融）和共享金融。

2.3.3 区块链技术在金融领域的应用前景

目前，区块链技术在数字货币、信贷融资、支付清算、数字票据、证券交易及登记结算、代理投票、股权众筹、跨境交易、保险经纪等方面正从理论探讨走向实践应用。上述领域的共同特点是对信任度要求高且传统信任度机制成本高。

以比特币为代表的数字货币是区块链技术最为成功的运用。与传统纸币相比，发行数字货币能有效降低货币发行及流通的成本，提升经济交易活动的便利性和透明度。这种数字货币具有超币种、超国界、超主权、实时结算的特点，一旦在全球范围实现了区块链信用体系，数字货币自然会成为类黄金的全球通用支付信用。基于区块链的数字货币在全球范围内趋于统一规则和结算体制之前，可能在世界各国先出现各自发行的数字货币，在本国流通的同时，可通过共享接口与其他国家的数字货币实时通兑。但区块链的技术基础和金融的本质要求必然会使得数字货币规则在全球趋于统一和一致。

与现有的传统支付体系相比，区块链支付在交易双方之间直接进行，不涉及中间机构，即使部分网络瘫痪也不会影响整个系统的运行。如果基于区块链技术构建一套通用的分布式金融交易协议，为用户提供跨境、任意币种实时支付清算服务，则跨境支付将会变得便捷、高效和成本低廉。

在票据市场，基于区块链技术实现的数字票据能够成为更安全、更智能、更便捷的票据形态。借助区块链实现的点对点交易能够打破票据中介的现有功能，实现票据价值传递的去中介化；数字票据系统的搭建和数据存储不需要中心服务器，省去了中心应用和接入系统的开发成本，降低了传统模式下系统的维护和优化成本，减少了系统中心化带来的风险；基于区块链的信息不可篡改性，票据一旦完成交易，将不会存在赖账现象，从而避免"一票多卖"、打款背书不同步等行为，有效防范票据市场风险。

有价证券交易市场也是区块链技术大有作为的领域。目前，传统的证券交易模式具有交易流程长、交易效率低、综合成本高的缺点，且存在强势中介和监管机构，金融消费者的权利往往得不到保障。应用区块链技术，买卖双方能够通过智能合约直接实现配对，交易执行的效率可大幅度提升，并通过分布式的数字化登记系统，自动实现结算和交割。由于录入区块的数据不可撤销且能在短时间内被复制到每个数据块中，录入到区块链上的信息实际上产生了公示的效果，因此交易的发生和所有权的确认不会产生争议。与以往交易确认需要"T+3"天不同，在区块链上，结算和清算的完成仅以分钟为单位计算（即在区块链上确认完成一笔交易的时间），且可以节省大额的费用支出。据估算，美国两大证券交易所每年需清算和结算的费用高达650亿元~850亿美元，但如果将"T+3"天缩短一天为"T+2"，则每年费用将减少27亿美元；如果降低为10分钟，那么节约的费用以及效率的提升，无疑更为巨大。另外，在证券发行市场，引入基于区块链技术的股票自主发行系统，可推动股票发行注册制进程，大大提升新制度下的股票发行效率。

在权益证明方面，由于区块链上的每个参与维护的节点都能获得一份完整的数据记录，利用区块链可靠和集体维护的特点，可对权益的所有者确权，尤其是股权证明可获得长足应用。股权所有者凭借私人密钥，可证明拥有该股权的所有权。股权转让时通过区块链系统转移给下家，流程清晰，产权明确，记录完整，整个过程无需第三方的参与便可实现。

在代理投票方面，目前广泛运用的股东代理投票机制程序繁琐且效果一般。通常资产管理人向代理投票经纪人发出投票指令，指令随后被传递给投票分配者，再由投票分配者将指令传递给托管人以及子托管人。托管人请求公证人对投票指令进行公证，然后向登记方申请并完成登记，最后投票信息汇总到公司秘书处。这个流程复杂且非标准化，投票信息存在被不适当或不准确传递或丢失的风险。此外，由于托管人及子托管人使用不同的传输系统和字符识别系统，导致投票的追溯和确认非常困难。即使时下比较流行的网络投票机制，也是围绕私密且中心化的系统进行的，尽管已经比较便捷，但是仍然存在投票数据丢失和被篡改的风险，存有被暗箱操作的空间。但利用区块链技术，投票人的任何投票记录，一旦写入到区块链，都将被永久保留且无法篡改，如有必要，事后还可以随时提取投票数据作为证据，从而确保投票人的权益不受损害或破坏。

在征信及信贷方面，目前银行信贷业务的开展，主要还是考虑借款主体自身偿债能力等金融信用。各银行将各借款主体的借还款信息上传至央行的征信中心，需要查询时，再从央行征信中心下载参考。这套流程不仅工作量大（包括上传信息和下载信息的工作量），而且还存在信息不完整、数据不准确、使用效率低、易被恶意篡改等问题。利用区块链技术，依靠程序算法自动记录海量信息，并存储在区块链网络的每一台计算机上，信息透明、篡改难度高、使用成本低。各商业银行以加密的形式存储并共享客户在本机构的信用状况，客户申请贷款时不必再到央行申请查询征信，即去中心化；贷款机构通过调取区块链的相应信息数据即可完成全部征信工作。此外，基于区块链的智能资产能构建无需信用的借贷关系，在区块链上已注册的数字资产能通过私人密钥随时使用。银行向借款人借出资金时，可将智能资产作为抵押，智能合约的自动执行可锁定抵押的智能资产，而贷款还清后可通过合约条件自动解锁，借贷双方出现争议的概率可大幅降低。同理，该项技术也可以直接应用在企业与企业、个人与个人、企业与个人之间的资金拆借，尤其在陌生人之间借贷方面，可突破互信关系难以建立的困境，使得借贷变得更加便利高效，借贷环境更加友好，借贷违约风险更低。另外一个重要应用是基于区块链技术的债券自动发行体系（或称为"数字企业债券"），由发行人自主在区块链上注册，如果抵质押或第三方担保，相关资产或担保也一并注册锁定，债券投资者通过各自端口接入自动发行体系进行认购，发行人还本付息后，可通过合约条件自动解锁，债权债务关系自动解除。

尽管从目前来看还没有确立成熟的底层区块链技术平台方案，容量的可扩展性、隐私保护、无法以净额结算、事后不可追索等技术难题也有待解决，大规模应用区块链技术还要重设IT架构和再造业务流程，但这些都只是技术层面的问题。而真正考验区块链技术在金融领域植根并成长的是监管机构和金融机构本体，区块链内在的"去监管化"和"去中心化"特质会不会使得市场主体没有动力驱动技术创新。但由于区块链是基于数学算法的技术，交易各方信任关系的建立完全不需要借助中介机构或权威中心，建立信任关系的成本几乎为零（在区块链金融基础设施和附属基础设施建立的前提下），且区块链代码开源，无地域限制，网络格局分布式互联，为未来普惠金融和共享金融的建立及发展奠定了技术基础，为全球金融融合统一创造了物质条件。单就从这一点来看，区块链技术必将在未来金融发展中确立核心地位，并和金融相互依托。

24 区块链与大数据

2.4.1 区块链与重构大数据

区块链首先是指通过去中心化和去信任的方式集体维护一个可靠数据库的技术方案，这也注定了大数据和区块链的密切联系，甚至可以说，区块链将在未来重构大数据。

在《区块链：新经济蓝图》[34]一书中，作者Melanie Swan以宏观的角度检视互联网依赖数据发展的阶段，将数据发展阶段分为三个阶段：

- 第一阶段，数据是无序的，并没有经过充分检验；
- 第二阶段，伴随着大数据和大规模社交网络的兴起，通过大数据的交叉检验和推荐，所有的数据将会根据质量进行甄别，这些数据将不再是杂乱无章，而是能够用一定的人工智能算法进行质量排序；
- 第三阶段，正是区块链能够让数据进入到这一阶段，即有些数据将通过采用全球共识的区块链机制获得基于互联网全局可信的质量，这几乎可以说是人类目前获得的具有最坚固信用基础的数据，这些数据的精度和质量都获得了前所未有的提升。

而这三个阶段恰好符合了互联网数据库发展需要经历的三个阶段，即从关系型数据库发展到非关系型数据库，再到区块链数据库，参见图2-1。

关系型数据库
如Oracle、MySQL、
SQL Server等

已整理数据
可以进行数据管理和分析，
使信息管理系统开始流行

非关系型数据库
如HBase、Cassandra、
MongoDB等

海量数据管理
能够对海量级别数据进行
管理和分析，使得谷歌、
阿里巴巴这种世界级网站
成为可能

区块链数据库
以比特币区块链为
代表的区块链数据

极高安全性数据
由于无法篡改和信任机制，
使价值转移成为可能，从互
联网金融转向金融互联网

图2-1　互联网数据库发展的三个阶段

在互联网诞生初期，数据库主要的类型是关系型数据库，这是一种采用了关系模型来组织数据的数据库。它是在1970年由IBM的研究员E.F.Codd博士首先提出的，在之后的几十年中，关系模型的概念得到了充分的发展，并逐渐成为主流数据库结构的主流模型。简单来说，关系模型指的就是二维表格模型，而一个关系型数据库就是由二维表及其之间的联系所组成的一个数据组织。

然而，随着互联网大数据时代的兴起，传统的关系型数据库在应付Web 2.0网站，特别是超大规模和高并发的SNS类型的Web 2.0纯动态网站已经显得力不从心，暴露了很多难以克服的问题，而NoSQL的数据库则由于其本身的特点得到了非常迅速的发展。NoSQL，泛指非关系型的数据库，具有高并发性和可拓展性，它的产生就是为了解决大规模数据集合、多重数据种类带来的挑战，尤其是大数据应用难题。

但是构建在这之上的大数据，最大的问题就是无法解决信任问题。因为互联网使全球之间的互动越来越紧密，伴随而来的就是巨大的信任鸿沟。目前现有的主流数据库技术架构都是私密且中心化的，在这个架构上永远无法解决价值转移和互信问题。所以区块链技术将成为下一代数据库架构。通过去中心化技术，将能够在大数据的基础上完成全球互信这个巨大的进步。

区块链技术作为一种特定分布式存取数据的技术，它将通过网络中的多个节点共同参与到数据的计算和记录中，并且互相验证其信息的有效性。从这一点来看，区块链技术也是一种特定的数据库技术。这种数据库将会实现Melanie Swan所说的第三种数据类型，即能够获得基于全网共识为基础的数据可信性。虽然互联网已步入大数据时代，但是从目前来看，我们的大数据还处于非常基础的阶段，当进入到区块链数据库阶段时，互联网将进入到真正的强信任背书的大数据时代。在区块链数据库阶段，互联网里面的所有数据都获得坚不可摧的质量，任何人都没有能力也没有必要去质疑，区块链会成为大数据的安全机制之一。

2.4.2　区块链构建全球信用体系

我们未来的信用资源从何而来？其实中国正在迅速发展的互联网金融行业已经告诉了我们，信用资源会很大程度上来自于大数据。

大数据金融是互联网金融的重要发展模式之一，是指集合海量的非结构化数据，通过对其进行实时分析，为互联网金融机构提供客户全方位的信息，通过分析和挖掘客户的交易和消费信息掌握客户的消费习惯，并准确预测客户行为，使金融机构和金融服务平台在营销和风险控制方面有的放矢。例如蚂蚁花呗和京东白条，就是根据消费者的消费记录做出信用评估，属于消费信贷（产品）。它们的出现正是因为互联网公司通过手中的大数据，把传统的信用资源成本极大降低，通过大数据很廉价地评估了人们的信用。

显而易见，通过大数据挖掘应该很容易就能建立每个人的信用资源，但现实并没有如此乐观。关键问题就在于现在的大数据并没有基于区块链存在，这些大的互联网公司几乎都是各自垄断，形成了各自私密而中心化的记账中心，导致了数据孤岛现象。而且事实上数据所有权也存在错位，人们的个人数据并没有被自己控制。例如人们每天使用微信，汇集成了大数据，这将是人们未来重要的信用资源，但人们完全无法控制它。而一旦这些大数据在区块链中登记用来建立信用，恐怕是比房产证明、工资流水更有价值的信用资源。

在经济全球化、数据全球化的时代，如果大数据仅仅掌握在互联网公司的话，全球的市场信用体系建立是并不能去中心化的，因为每个互联网公司只能自己形成价值转移闭环。只有当未来大数据在区块链上加密，才能真正成为个人产权清晰的信用资源，这也必将是未来的发展趋势。区块链技术的发展已经能让很多数据文件加密，可以直接在区块链上进行交易，那么未来人们的交易数据完全可以存储在区块链上，成为个人的信用。所有的大数据将成为每个人产权清晰的信用资源，这也是未来全球信用体系建构的基础。

2.4.3 区块链在大数据领域的应用

1 医疗行业的数据变革

目前的医疗行业正遭受着严重的数据问题，关键在于其传统的中心化存储方式。

一方面，大多数医院的账本都不公开，这就阻挡了新的医疗信息在世界各地之间的传播，同时也限制了各个医生与同事之间信息的传播。在国外，当一个人搬家或者在旅途中生病而不能与他们自己的医生联系的时候，他们的医疗记录的调取就会面临挑战；而在中国，面对没有私人医生的实际情况，人们面临的挑战将更加严峻。

另一方面，每年都会有大量的新的医疗研究出现。现有体系下，每一个医生或者医生团体都会很难跟上最新发布的医疗信息或者察觉哪些实践已经过时。甚至医生还很难断定他们在新医疗文件中读到的实践是否准确，直到他们自己亲自测试这些材料。

同时，医疗数据还存在严重的质量和安全问题，这很可能导致误诊，引致黑客攻击，同时造成电子病历（EHR）无法正常更新（如果同一份病历被多人同时编辑就会出错）。因此，现有的医疗数据是不可靠的。例如，同一个病人有多种不同版本的病历，里面的数据大量不吻合，而接手的医生又恰巧没有仔细核对，如此一来，病人很可能会被误诊，还有各种随之而来的心理、生理、经济损失等问题。

大数据加区块链的解决方案可改善上述情况。当大数据和区块链与医疗行业进行整合，就能够为医疗行业建立一个可靠的全球数据库，每一个人都可以信任，每一家公司访问到的数据都相同，这些数据通过透明的方式被共享，这样就会生成仅有的一个统一的并且每个人都相信的日志。而且在区块链技术中，没有人有权管理全部数据，而同时所有参与者都有责任维护信息安全，这能大大降低了医疗卫生行业误诊或者恶意修改数据的行为。

与金融行业一样，医疗行业同样为区块链提供了最早的以及最具发展前途的应用机会。

2 保险行业的创新

2016年5月份，"水滴互助"创业项目宣布获得5000万元天使投资，估值近3亿元。它被看成是社会保险和商业保险之外的另一种保险方式，其特点是基于场景化的大数据和区块链技术，解决用户在面对重大疾病时的医疗资金问题。目前，重大疾病赔付范围涵盖了50种，全部为癌症。

水滴互助是一个针对重大疾病推出的互助保障平台。用户花9元成为会员，在180天的观察期之后，就能够享受相应的赔付权利。当加入平台的用户出现重大疾病时（目前全部针对癌症），最高能获得水滴互助的30万元赔付。而赔付的资金由平台的用户平摊，原则上每次平摊费用不超过3元。这种方式旨在解决当下以癌症为主的大病发生率持续上涨，而普通老百姓没钱医治、医保没有覆盖的现实问题。

为了保证参与人的公平性，水滴互助根据不同年龄层次进行群体划分，包括18~50岁的"关心自己抗癌互助计划",针对51~65周岁高发人群的"孝敬父母抗癌互助计划"和针对出生满30天~17周岁青少儿的"关爱子女大病互助计划"。每个层级都根据发病率等因素对赔付金额做了相应的调整,从2万元到30万元不等。

这样一种全新的保险模式就是基于大数据和区块链技术进行开发的,大量用户产生的交易和数据通过区块链技术进行存储,保证了数据的公开、透明性及难以篡改。在可预见的未来,这样的模式甚至还将应用于公益事业中。

我们必须承认,大数据和区块链的结合是必然的。虽然它发源于互联网金融行业,但必将引起各行各业的技术变革,相信对很多行业来说都是极具颠覆性的解决方案,让我们拭目以待。

第3章

区块链应用场景

3.1

存在性证明

　　存在性证明（Proof of Existence，PoE）是指把将要存储的文件的 SHA-256信息摘要嵌入到区块链来证明其存在性[35]。存在性证明的原理是通过用两个编码过的且包含哈希值的特殊地址来创建一个有效的比特币转账，这个哈希值被切断成两个片段，每个片段包含这些地址之一。这些哈希片段用来替换椭圆曲线数字签名（比特币地址生成算法）公钥的哈希值，这就是为什么这些特殊的转账是不能花费的，因为这些地址是由文档的杂凑片段生成的，而不是由椭圆曲线数字签名算法的私钥生成的。

　　在地址生成且交易确认后，该文件即被永久认证。只要交易被证实，就意味着该文件存在。如果文件在交易发生时不存在，它不可能在两个地址中嵌入其SHA-256消息摘要，并创建转账（哈希函数的抗第二原像性：给定一个输入输出对(x，y），即Hash(x)=y，找到一个输入x' 不等于x并使得Hash(x')=y在计算上是困难的）。试图通过嵌入哈希值，以与未来的文件哈希值相匹配也是不可能的（由于哈希函数的抗原像计算性），这就是为什么一旦文档所产生的转账被比特币区块确认，该文件的存在性也就被证明了，而不需要一个让人信任的中央权力机构来确认。

　　如果有人想在时间戳上手动确认文件的存在，他们应该遵循以下步骤。

01 计算SHA-256信息摘要。

02 找到比特币区块链上的转账记录，给文档的地址发送比特币。

03 反编译Base58编码的地址。

04 嵌入摘要，替换这两个地址的公钥哈希值，由于摘要共有32字节，而每个地址可容纳20字节，剩下8字节需用0填满。

05 区块链上这两个地址间的转账可证明该文件在那个时间确实存在过。

通过简单地在区块链上登记和加入时间戳信息，PoE能够让任何人匿名和安全地存放任何文件的存在性证明[36]。由于文件本身并没有存放在中心化的数据库或者区块链中，因此文件数据是私密的，区块链上存放的仅是文件的密码学哈希值，以及该文件的哈希值提交至区块链中的时间信息。这样一来，人们就可以基于公开的区块链，在无需揭露数据内容或所有者身份信息的情况下，公开证明某个文件或信息属于某人。

也可以通过在合约上加时间戳和当事人的数字签名，来证明这些合约是何时签署的。可信的时间戳可以用来证明某人在某个时间点持有某个文件、信息或数据，而且这些信息无法伪造。例如，开发者可以给开发的软件版本加上时间戳来证明在某个时间点自己已经开发了某个版本的软件，而无需依赖任何机构证明。传统的证明方法是由称之为TSA（Time Stamping Authority）的可信赖的第三方签署可信的时间戳信息来证明，这种方法容易出现数据腐败和篡改问题。然而在区块链中，时间戳是安全地存放在全世界的，几乎不能被篡改。

存在性证明可用于文件版权、专利等。任何人都可以证明某个数据在某个时间点存在过。使用区块链来存放文件证明信息后，任何人都可以在无需中心机构的情况下验证该文件的证明信息，同时有整个区块链网络的算力来保护其数据的安全。

存在性证明的部分用途包括：

（1）无需泄露真实的数据内容即可证明文件的所有者；

（2）文件时间戳；

（3）证明所有者和转让合同；

（4）确认文件的完整性。

如果某人存储了他的文件证明，之后重新上传该文件，系统将会识别该文件是否与之前的文件完全一致，哪怕有轻微的变化，区块链都会识别出它与之前文件的不同[37]。这就给用户提供了必要的安全性，即已验证的文件是不可更改的。

数字合同与数字印章

随着互联网技术的发展，越来越多的机构开始大力研究数字合同和数字印章技术，但是这些技术还停留在中心化的数字解决方案层面。许多机构更是出于本集团的利益进行研发，而不顾使用者的利益，并且成本高，方案不够透明，技术被少数人垄断和操作，容易作弊。此外，各个团体、机构之间技术不公开，不透明，通用性不强，造成了公信力的缺失，也制约了这一技术的快速普及与发展。在日常生活中，经常可以看到有些恶意的人故意篡改并违反原来的约定，利用手中的各种关系和方法来谋取私利，当处于弱势的善良的用户依据当初的约定通过司法途径维护公正时，发现已经无法行得通。这一切均源于普通纸质协议容易丢失，而且存放不透明，容易被人修改。

基于区块链技术构建的数字合同与数字印章解决方案，正是基于这种理念而产生的。在区块链中，每个区块都有自己唯一的哈希值，任何人都不能私自修改区块中的内容，否则将会造成区块哈希值的改变，而被整个网络拒绝[38]。正是基于区块链的这种安全特性，使人们在将合同的验证算法写入到区块链后，任何人都不能作弊或是破坏合同的约定内容。人们甚至可以将一些重要事件的环境、人、事等内容也写入区块链中，进行永久保存。区块链还是开源的技术，与数字货币拥有相同的安全属性。这套解决方案将与合同相关的人、单位以及政府部门进行高效结合，使其各司职守，实现一种智能的、免维护的数字合同解决方案架构。可以畅想一下，在未来，任何国与国之间，人与人之间或是单位与单位之间，都可以在这套框架下签定协约。它将是未来物联网世界中最强大的公约系统，并作用于人们生活、维护世界秩序的方方面面，让人类受益。

将一份经过SHA校验后的合同，写入签名信息中，并由签约双方发起一笔交易，进而将这些数据写入区块链。合同本身具有私密性，合同内容不会被写入区块（或是仅将加密后的内容写入区块）。一份合同制定完成后，会对合同文件进行SHA-256加密校验，防止事后私自修改合同内容，进而将SHA值写入区块中，以确定合同的唯一性、合法性与公示性。

在将来，用户甚至仅需发送一条短信，或是一封邮件，或是在聊天工具上发给对方一串字符，或是扫描二维码等，就可以完成合同的签订工作。此外，区块链技术还允许两个互不相识的人进行匿名合同的签订，甚至在硬件与人、硬件与硬件之间建立数字合同关系。图3-1为基于区块链的数字印章与数字合同解决方案的示意图。

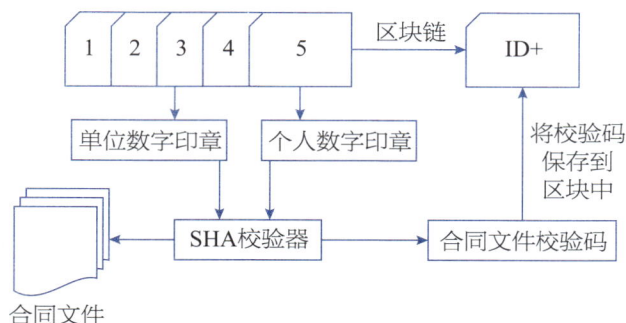

图3-1　基于区块链的数字印章与数字合同解决方案

无论是单位数字印章还是个人数字印章，均会被写入区块中，进行身份的公示，这里的公示是匿名的，然而却是可以验证的。钱包私匙具有唯一性，通过其加密后的数字印章同样具有唯一性。

3.2
智能合约

密码学家尼克·萨博（Nick Szabo）早在1994年就提出了智能合约的理念，在区块链技术出现以前一直不能将该理念应用到现实中，但是比特币出现以后，智能合约获得了重生。智能合约的理念加上区块链的技术，将会产生出什么呢？

举一个典型的、活生生的例子，人们可以认为智能的原始祖先是不起眼的自动售货机[39]。由于售货机锁箱里的钱远远少于破坏者将要付出的代价，在经过潜在损失有限的评估后，根据显示的价格收取硬币，便通过一个简单的机制形成了最初的计算机设计科学——有限自动、传递变化和制造。自动售货机基于搬运合约运作：任何持有硬币的人可以与供应商交易。锁箱和其他安全机制保护储存的硬币和货物不会被破坏，足以允许自动售货机有利可图地在各种各样的区域部署。优越于自动售货机，智能合约是通过数字的方法来控制有价值的、所有类型的任何资产。智能合约涉及一种动态的、经常主动运作的财产，且提供了更好的观察和核查点，其采取的主动措施必须分毫不差。

另一个例子是为汽车设计出的假想数字保障系统。智能合约设计策略建议：持续完善抵押品协议，以便把它更充分地嵌入到处理资产的合约条款中。根据合约条款，这些协议将使加密密钥完全被具有操作属性的人控制，使他正当地拥有该财产。在最简单的实现中，为了防止偷窃，除非被合法的拥有者完成正确的"挑战-应答"过程，否则车将呈现为不可操作状态。

如果汽车用于确保还贷，在传统方式下，实现强安全性时，将产生一个令债权人/收款人头痛的问题——不能查收赖账的车。为了解决这一问题，可以创建一个智能扣押权协议：如果物主不交费，智能合同将调用扣押权协议，并把车钥匙的控制权交给银行。这样一来，利用该协议可能会比雇佣追债人更便宜、更有效。进一步地细化，可创建更多的智能协议，如生成可证明的扣押权注销，以及当贷款已还清、处于困境和意外情况下的账户操作。例如，当车子尚在高速公路上奔驰的时候，撤销车子所有权的操作将是粗鲁的。

持续细化的过程是一个从粗糙的抵押品体系到一个个具体合约的过程：

（1）选择性地允许业主锁定和排除第三方；

（2）允许债权人接入的秘密途径；

（3）只在违约一段时间且没有付款时秘密途径才会被打开；

（4）在最后的电子支付完成后永久地关闭秘密途径。

成熟的抵押品体系将针对不同的合约执行不同的行为。继续讨论前面的例子，如果汽车的合同是一个租赁合同，最终付款后将关闭承租人的访问权；如果是购买债权的合同，那就关掉债权人的访问权。通过连续的重新设计来不断地接近其合约的逻辑，这个合约的逻辑约束着被抵押的财物、信息或计算的权力和义务。可定性的、不同的合约条款，以及财产在属性上的技术差异，会引出不同的协议。

智能合约是由事件驱动的、具有状态的，运行在一个复制的、分享的账本之上，且能够保管账本中资产的程序[40]。从本质上讲，这些自动合约的工作原理类似于其他计算机程序的if-then语句。智能合约只是以这种方式来与真实世界的资产进行交互。当一个预先设定好的条件被触发时，智能合约即执行相应的合同条款。

假如你能降低抵押贷款利率，更加容易地更新遗嘱，或者确保你的赌友不会赖掉赌资时，那会怎样？事实上，这些应用和其他更多的应用，正是智能合约机制许诺的未来。由于密码学货币的出现，智能合约这一技术正越来越走近现实生活。在未来的某一天，这些程序可能会取代处理某些特定金融交易的律师和银行[41]。

智能合约的潜能不只是简单的转移资金。一辆汽车或者一所房屋的门锁，都能够被连接到物联网上，以智能合约来打开。但是与所有的金融前沿技术类似，我们对智能合约的主要问题是：它怎样与我们目前的法律系统相协调呢？还有，会有人真正使用智能合约吗？

比特币的出现和广泛使用正在改变阻碍智能合约实现的现状，从而使萨博的理念有了重生的机会。智能合约技术现在正建立在比特币和其他虚拟货币——有些人将它们称为"比特币2.0"平台之上。因为比特币实质上就是一个计算机程序，智能合约能够与它进行交互，就像它能与其他程序进行交互一样，于是问题正逐步被解决。现在一个计算机程序已可以触发支付了。

比特币保险柜

比特币持有人是如何保存比特币的？当然，比特币登记在区块链上，但是如何通过保存私钥以保证资金安全呢？如果你现在还没有比特币，该如何保存私钥（这个小小的文件有着直接的货币价值），防止丢失和黑客入侵？保证密钥的安全是大众接受密码货币的阻碍前提之一，每一次货币的丢失事件都给整个加密货币社区带来不好的名声。这些问题有各种不同的答案[42]。

如果问任何一个加密货币的老手，他都会告诉人们一个事实，那就是必须使用非常成熟的软件和真正的随机数来生成私钥，并且使用多重签名来拆分私钥，这样黑客必须破解不止一个，而是多个机器来获得你的资金。这种保护是很复杂的。经典的保存私钥的方法是遵循37步操作安全准则，涉及到物理隔离、专用笔记本和断开网络接口等。但是，难道"互联网"类的货币也需要物理隔离，把专用笔记本藏在使用假墓室的金塔里？所以，不足为奇的是，普通人常常选择比较大的交易所来保存他们的货币。当然，这只是将安全问题外包给交易所，面临的仍是完全相同的问题，只不过赌注更高。

在可用性（需要更多的备份）和安全性（更多的备份意味着更大的风险）的权衡中，一般的用户会难以抉择。极端情况下，要么将私钥保存在多个设备上（这样容易被盗），或者只保存一份编码私钥在物理隔离的保险库中，如果用户需要访问，就临时地重新连接入网络，并通过一段密码来还原私钥。

因此，加密货币的历史里记载了很多起丢失货币的悲剧：要么是因为用户自己的错误丢失了货币，要么是黑客偷走了私钥而盗走大部分货币。这样的事情也会发生在聪明人身上，比如一个计算机系毕业的大学生，是早期的比特币矿工，丢失了差不多1万个比特币。另外一个朋友选择了一个非常安全的密码，以至于在几年后自己也想不起这个密码，甚至使用催眠和根据他的密码选择习惯暴力破解也无济于事。

总的来讲，计算机设施在安全地保存高价值的资产方面还有很长的路要走。比特币已经普遍地变成一种黑客的"福利"，因为他们可以侵入比特币所有者的计算机并盗走比特币所有者的财产。因此，比特币的所有者需要一种方式来锁定他们的比特币，让黑客和小偷不能为所欲为。

在巴巴多斯的比特币工作室里，Malte Möser提出了一个关于比特币私钥的解决方案。该方案描述了一种新建保险库的方式，它是一种特殊的账户，一旦私钥落入攻击者手里，这些私钥达成的交易也可以被抵消。保险柜是比特币的一种去中心化的方式，让比特币所有者可以通过向"银行"报告丢失"信用卡"来撤销攻击者的交易。这里有个有趣的地方：如果使用保险柜，可以从根本上使私钥盗窃者失去动机。攻击者如果知道他们不能拿走比特币的话，就会减少攻击，对比当前的情况则是，比特币攻击者可以保证他们的攻击行为能够获得可观的回报。在操作上，思路也很简单。假设比特币持有者将资金发送到自己创建的保险柜地址。每一个保险柜地址有一个开锁密钥和恢复密钥。当你使用开锁密钥从保险柜取用比特币时，必须等待预先设置的时间（非保险期），这一时间是在创建保险柜时设定的，比如说24小时。一切顺利的话，在不保险期过后，你保险柜里的资金是未锁定状态，此时就可以将它们转移到其他地址，然后像往常一样去花费它们。现在，假使一个黑客Harry掌握了你的开锁密钥，你有24小时的时间使用恢复密钥撤销Harry发起的交易。于是这次偷盗行为从本质上讲是失败的，资金会转移到真正的所有者那里。这有点像现代银行里的"撤销"功能，只不过这里是在比特币世界实现。

现在，精明的读者会问，如果Harry非常非常聪明，他不仅偷走了开锁密钥，还偷走了恢复密钥，那会怎样呢？如果是那样的话，他已经完全攻陷了你，就网络角度而言，他和你已经没有什么区别了。即便如此，保险柜依然可以保护你。恢复密钥同样有一个类似的锁定期，允许你永久性地撤销Harry所有的交易行为。不幸的是，在这种情况下，Harry也可以做同样的事，撤销你做的所有交易。为了避免反复的僵局，恢复密钥也可以用来烧掉资金，这样就没有人能得到这笔钱。结局是Harry从他的偷盗行为中不能得到任何回报。这样实际上意味着Harry事先就没有把保险柜列为目标，因为如果他这样做是不会有任何收入的。

在比特币世界中实现这样的保险柜机制是遥不可及的。一种可行的方案是，为保险柜设计专门的工具，为保险柜设置专门的地址，以及更多的操作代码。但是我们相信架构的变更，应该是最小的，并且是通用的。因此，我们提出对比特币进行一个小的变更，称之为"比特币契约"。就像法律契约，比特币契约会检查交易花费的条件是否成立。本质上讲，契约是未来交易形式的一种约束。因为契约可以递归，可以保持自我永存，或者可以在某段时间进行限制，它应当允许一个人实现一系列丰富的语义自定义。

重要的是，保险柜不会影响比特币交易的不可逆转性。保险柜是个人资金的保护机制：你可以将希望安全保存的资金放到自己创建的保险柜地址。这样，你放弃了迅速消费它们的能力以避免被盗。当你想使用这些币时，需将它们从保险柜转移到自己的热钱包，然后用钱包进行支付。只有自己拥有的钱可以被保存到保险柜中，而它们也只能转回到你的所有权下。你不能欺骗某人接受一笔来自保险柜的交易，然后再将这些比特币收回。整个保险柜的设计关系到个人资产的保护，这将影响到人们选择哪种货币来保存个人资产，保证比特币资产不会让人产生任何不安。

归根结底，以上建议是对脚本语言的简单而强大的扩展，它将开启更加丰富的想象大门。

保险柜是契约的第一个用例，它解决了一个自比特币系统发布以来就一直困扰每一个比特币用户的问题。保险柜机制可以使人们安全地保存他们在网上的资金，远离被盗，更重要的是它从根本上断除了偷窃的想法。

3.3

供应链

在现代电子商务系统中，消费者只能通过商品的文字或者图片的描述来了解商品，而这些图片或者文字都是电商平台或者卖家提供的，他们控制了信息的来源，并且能够轻而易举地对商品的信息进行修改。为达到吸引消费者或者降低生产成本的目的，众多商家散布各种各样的虚假信息来欺骗消费者。假冒伪劣商品、层出不穷的山寨商品遍布互联网，消费者根本无法鉴别，常常受骗上当。作为消费者，所有信息的来源都必须依靠电商平台提供的既定信息，这也是传统方式无法突破的根本原因。

区块链上的商品溯源

如果将区块链技术应用到商品的供应链上，那将会产生什么样的神奇效果呢？在商品从原材料到达消费者手中的整个过程中，所有与商品有关的信息都被记录在区块链上。因此，在区块链的商品供应链上，消费者能够轻松地查询到商品的原料、辅料、加工、包装、经销等一系列记录。这不但可以确保商品的质量安全，鉴别商品的真假，还能够帮助消费者更加精细化地选择自己所需要的商品，也能有效地帮助企业进行经营管理，让假冒伪劣、跨区窜货等现象无所遁形。图3-2所示为在区块链上的供应链追踪示意图。

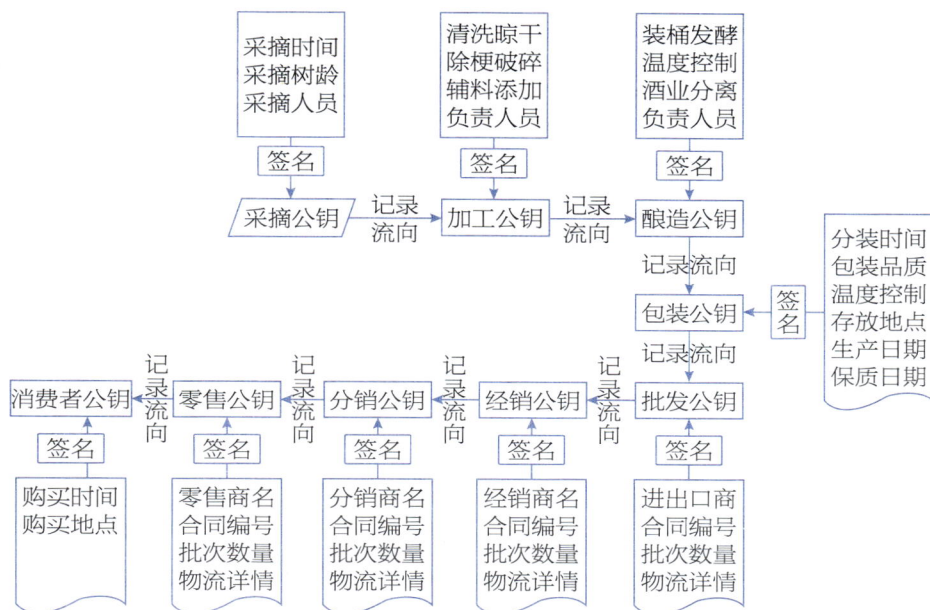

图3-2　区块链上的供应链追踪

区块链提供了一种透明的供应链机制，并为参与者们创造了全新的机遇。作为一种共享的、安全的交易记录方式，区块链可以跟踪与产品相关的信息，将供应链数据公之于众，为每一位参与者揭示产品的出处。

试想一下，人们在网上购买了一瓶红酒，就可以在区块链上查询到葡萄树的品种、采摘时间、酿造流程、包装时间、检验检疫认证、各级经销路径等数据，这种体验带来的舒适和信任感是文字与图片的广告宣传远远达不到的。

又比如，你漫步在农贸市场的摊位之间，看到了自己最喜欢的鱼类供应商 Fork & Fish，他们正在卖黑鳗鱼。你还记得第一次在这个摊位上的购物经历。在一个露天市场购买新鲜的鱼，鱼贩讲解这些鱼的来历，你会感到很惊奇么？从船、存储、卡车到市场的冷库，Fork & Fish会用设备跟踪并记录下相关数据。你和供应商都可以清楚地了解这些鱼是何时从哪里捕捞的，又以何种方式运送到了市场。你觉得这些鱼的新鲜度不错，于是就买了一些为周日的晚宴做准备。使用区块链技术还可以为识别个人商品创建一个正式的注册表，并在供应链中通过不同的点来跟踪物品的所有权，而与互联网相连接的设备，如渔船、航运卡车以及存储冷库可以监视这些目标对象，并使用相关的环境条件（如温度和位置）来标记这些对象，为产品的安全性提供保证[43]。

3.4

身份验证

密码学货币在金融领域最有趣的用途，是用于证券交易处理、供应链金融和金融衍生品操作。理论上讲，这些领域本该可以实现完全的自动化，但实际上，仍然需要大量的人工操作，重做、对账等，仍然具有复杂性以及无穷无尽的混乱和争端[44]。

基于区块链的身份验证可以使用户完全掌控自己的身份信息，这可以使复杂的上网体验变成直接、无缝或独一无二的登录体验，免去了解锁个人信息、获取网络接入服务和数字资产交易的繁复性[45]。

区块链技术能以无可辩驳和不可变更的方式提供专门的身份验证，因为区块链的密钥是唯一的身份信息。但是，如果由于不同服务要求不同密钥，登录时需要多个密钥，那么会发生什么呢？

试想一下，你家的门有5把锁，当进入自己家时，需要根据入口和日期来选择特定的钥匙才能开门。或者，你在全球5个不同的地方拥有5套房子，又该如何保管这么多的钥匙呢？此外，我们都有管理众多繁琐上网密码的经历，同时还担心哪天会遭遇黑客攻击或者完全忘记登录密码的情况发生。

而在区块链领域，有很多致力于身份认证和个人信息安全的方案，包括提供数据和服务入口。因此可以认为，区块链技术支持的身份信息认证和获取的解决方案可以改善现状。

3.4.1　BitNation

如果一场婚姻以区块链为基础，那么这场婚姻的有效期仅有42个月。许多婚礼选择在失重状态、海底或者珠穆朗玛峰上举行，这些特技婚礼是一个有趣的悖论。这种婚礼表明要取代社会中最根深蒂固的传统之一，这不仅是做一些表面上的改变，更是要向世人展示他们的思维是多么的具有前瞻性。这项挑战就像是以五步抑扬格的格律，书写一本革命性的小册子一样。但在2015年12月1日，属于Edurne和Mayel的日子里，这对夫妻使用区块链技术，在没有牧师或者法官的见证下，举行了属于他们两个人的婚礼[46]。

他们自称"Glomads"，在不断地旅行和探索中决定不再支持任何一个国家、任何一项法律。他们自拟了婚姻合同，合同的有效期仅仅只有42个月，同时这份合同还保持开放，可以随时更改。

如此灵活的协议，在传统的法律框架下是无法完成的，所以他们决定创建一个属于自己的、符合他们预期的婚姻管辖权。

他们的决定触动了一直肯定传统婚礼的人。

此外，据笔者所知，爱沙尼亚通过电子居住身份来扩大服务，在2014年首次给该国的虚拟公民授予了暂居的身份。到目前为止，爱沙尼亚的电子居民可以成立公司并访问该国的在线银行系统。从2012年12月5日开始，电子居住方案提供了国家认可的公证服务，包括结婚许可。为了做到这一点，他们把目光转向了BitNation，一个基于比特币区块链提供创建管理服务工具的组织。

但对于BitNation而言，它的目标更加宏伟。该组织由Susanne Tarkowski Tempelhof创立，倡导无边界化的管理，并建立起了自己的虚拟国度。为了合法化这种声明，它已成功地建立了一套工具以及服务，也许未来的某一天，在地域界定的国家承认以区块链作为政府记录安全和合法存储库的前提下，它可以允许人们用区块链身份来取代国民身份。而Edurne和Mayel的婚礼，以及爱沙尼亚的参与，可能会是这一伟大壮举迈出的第一步。

3.4.2　CryptID

CryptID是一个基于区块链技术的全新的开源身份识别系统[47]。

目前很多政府部门和大多数大公司都在使用安全公司提供的门禁系统，这些门禁系统都是利用一个中心数据库来储存个人数据。这个中心数据库越大，对安全性的要求也就越高，与之相对应的，其消耗的费用也就越高。同时，这些中心化的数据库往往会受制于黑客攻击、故障停机、巨大的能源成本、网络限制、技术支持等一系列因素。

门禁系统是安全部门不可分割的一部分，其重要性不言而喻，几乎遍及每一所学校、机场、公司办公室、政府办公楼，可以说只要有人员移动的地方都会有门禁系统。

对于使用的是基于45年前的磁条科技、很容易被暗网上提供付费服务的人伪造的门禁系统时，能够克服这些缺点的CryptID的出现显得恰到好处。

CryptID是一个低成本、身份标识发行和验证极其灵活的程序，可用于组织规模任意、全新的开源身份识别系统。它诞生于BitGo赞助的"无国界国际学生黑客马拉松"竞赛，这个竞赛的最初标准是创建无需授权、开放和去中心化账本的应用。裁判包括Ethereum（以太坊）的创始人Vitalik Buterin（维塔利·博特瑞）和Airbitz的Will Pangman（威尔·彭嘉敏），CryptID在竞赛中获得了第二名。

根据CryptID团队的叙述，CryptID的优点如下。

（1）节约成本。身份记录包括很小的照片和指纹文件，都不会超过几百kB，该轻量级的程序使用Factom（公证通）来将加密身份所记录的数据写入区块链，并在比特币区块链中进行时间标示，还允许多种用途和设定方法，甚至允许使用身份证。

CryptID的所有数据都是去中心化存储的，无需运行本地管理员服务器即可让其他人访问，而且可以从任何地方进行访问。区块链会存储所有的信息，无需数据中心或专用的服务器，而且可以在互联网的任何地方对身份进行验证。

"我们可以将多个入口形成链条，每个入口的大小为10kB，且只花费约0.005美元的进入信用。我们使用的指纹模板（国际标准化组织标准），实际上非常小，小于1kB。我们对图片进行了裁剪并压缩，虽然损失了一点图片质量，但仍然容易识别，大小约为5～6kB。其他的信息大约为600B，这取决于用户的名字长度。所有信息加起来大约为8～9kB，用一点点钱就可以将其很容易地存储在Factom上。"这很好地阐述了CryptID节约成本的优点。

（2）加强版的安全性。区块链系统采用了比特币多重签名地址的优势，不会有单个参与方持有任何人的身份信息的情况，这也意味着没有人能轻易地破坏它。密码也可以和卡绑定起来，例如令照片和指纹相匹配，这给用户提供了额外的保护。

"数据分布在很多电脑中，可以防止腐败，而且身份数据几乎不可能被篡改。传统的身份识别方法需要依靠中心化的机构，例如州政府，来确认身份，这样就很容易受到攻击和篡改。"

"传统的身份识别方法只需要一个验证要素——你所持有的身份证。CryptID要求使用3个要素，包括用户拥有的唯一身份标识、只有自己知道的密码，以及用户自己的指纹。"

（3）灵活性。由于用户数据并非一定要存储在一个带照片身份证中，这些信息可以存放在能保存几kB信息或QR扫描码的地方，甚至可以将身份证件符号隐藏在珠宝或者手机的APP中。

CryptID卡的正面是CryptID.xyz发行的信息，背面显示的是指纹和二维码，如果要编辑卡片上的信息，则需要重新制作一张。因此，正确处置旧卡是很重要的。

项目负责人史蒂文·马斯里（Steven Masley）告诉Devpost："因为CryptID字符串可以保存在存储能力为32～44B数据的任何地方，这意味着它可以实施到目前的校对系统中，例如磁卡阅读器或智能卡阅读器。"

"此外，可用智能手机来转移光学数据，通常是一个可以通过扫描器或摄像头扫描的二维码。"

马斯里和其合伙人达科塔·巴伯（Dakota Baber）创建了用于说明CryptID的网页应用和独立的Windows系统程序，可以在GitHub上查看源代码。目前CryptID已经开发完成，只需要一个智能手机的APP就可以验证其他人的身份信息。

CryptID并非第一个基于区块链的去中心化身份解决方案，2014年10月份发布的世界公民身份证件项目BitNation才是第一个获此殊荣的应用。虽然BitNation还没有开源，但可以免费使用，并将用户的身份信息永久存储在区块链上。

CryptID和BitNation之间最主要的区别在于，前者被设计用于管理员发行身份，因此身份拥有一个具体的组织来授权使用它们，而后者的身份系统则可以为用户创建一个全新且没有从属关系的身份，可以在不使用任何第三方，甚至不用BitNation授权的情况下就能证明使用者的身份。但是，用户获得BitNation访问时必须要处于在线状态。现实生活中，使用像门这样的物件体时似乎不太可能会用到BitNation，但也不是没有可能。

马斯里说："CryptID的开源性会使其获得更广泛的应用，可以用于安全和独特的系统中。区块链的不可篡改、抗黑客攻击、身份存储都是很新奇的应用，在行业中是空前的。"

BitNation将来有一天会是国家发行的身份证件的取代方案，而目前CryptID已经准备用于企业和高校了，这将会节省很大一笔安全预算开销。

预测市场

大量的经济和学术研究发现，预测市场是世界上最精确的预测工具之一，特别是当用真钱，或者具有足够的流动性和交易量（这是传统预测市场的问题所在）进行预测时。

预测市场类似于股票市场，用户可以在预测市场中买卖股票。但是，与股票市场对一个公司的未来价值进行投机不同，预测市场的存在是为了决定未来事件结果的可能性。例如，一个预测市场可能问"川普在2016年能被选为美国总统吗？"如果"是"的股票价格是0.43美元，这可以被理解为川普当选总统的可能性是43%。[48]

在2007年，哥伦比亚商学院教授Michael Mauboussin让他的73位学生估计瓶子中糖豆的数量，学生所估计的数量在250～4100粒之间，但其实瓶子中有1116粒糖豆。学生们的估计值与真实值1116之间，平均偏离了700，也就是62%的错误率。然而，尽管学生的估计很不准确，但是他们估计的平均值是1151，与真实数值1116只有3%的误差。这一研究以各种形式被重复过多次，结果都与上面相同。我们正在将这种群体智慧应用到每一个学科中，从政治学到气候学，并用利益得失来强迫群体说真话。

在1968年5月，美国的一艘名为Scorpion的潜艇，在大西洋完成执勤任务后返回纽波特纽斯港口的途中突然消失。虽然海军知道潜艇最后报告的位置，但是不知道Scorpion号究竟发生了什么事情，只知道自最后一次联系后，潜艇又前行到哪个大概位置。最后他们将搜索范围确定在方圆20英里，几千英尺深的水域。这是一个希望渺茫的搜索。人们能够想到的唯一可行的解决方案就是，召集三四位潜艇和洋流的顶级专家，咨询他们认为最可能的位置。但是，根据Sherry Sontag和Christopher Drew在《Blind Mans Bluff》中的记录，一位名叫John Craven的海军军官有一个不同的计划。

首先，Craven设想一系列可以解释Scorpion号可能发生的事故情景。然后，他召集了一组具有不同背景的人，包括数学家、潜艇专家和搜寻人员，让他们猜测哪种情景的可能性最大，而不是让他们彼此商量得出答案。为了让猜测更加有趣，Craven采用了下注的方式，奖品是Chivas Regal酒。参与的成员就潜艇为什么出事故、下沉的速度、倾斜的角度等问题进行了打赌。

没有一段信息碎片能够告诉Craven潜艇在哪里。但是，Craven相信，如果他将小组成员提出的所有答案汇集在一起，针对潜艇沉没做一个完整的描述，他就能够知道潜艇在哪里，这就是Craven所做的事情。他利用了所有的猜测，使用了被称为贝叶斯理论（贝叶斯理论是用来计算事件的新信息如何改变人们对此事件原有预期的方式）的公式，来判断潜艇的最后位置。做完这些事后，Craven获得了团队关于潜艇位置的集体估计（Collective Estimate）结果。

Craven得出的位置并不是团队任何单个成员所猜测的位置。换句话说，团队中每个成员的猜测与Craven使用汇集起来的所有信息得出的位置一致。最后的判断是一个由团队整体做出的集体判断，而不是代表团队中最聪明人的个人判断，它也是一个绝妙的判断。

在Scorpion号潜艇失踪5个月以后，一艘海军军舰发现了它。潜艇被发现的位置与Craven团队猜测的位置相差只有220码（注：1码等于0.9144米）。

这个实例的惊人之处在于，这个团队所依靠的证据几乎没有，有的只是一些数据碎片，没有人知道潜艇为什么沉没，没人知道潜艇下沉的速度和倾斜角度。虽然团队中没人知道这些信息，但是作为一个整体的团队却能总结出这些信息。

Augur

Augur是一个基于以太坊区块链技术的去中心化的预测市场平台[48、49]。用户可以用数字货币进行预测和下注，依靠群众的智慧来预判事件的发展结果，可以有效地消除对手方风险和服务器的中心化风险，同时采用加密货币（如比特币）创建出一个全球性的市场。

利用Augur，任何人都可以为任何自己感兴趣的主题（比如美国大选谁会获胜）创建一个预测市场，并提供初始流动性，这是一个去中心化的过程。

作为回报，该市场的创建者将从市场中获得一半的交易费用。普通用户可以根据自己的信息和判断在Augur上预测、买卖事件的股票，如美国总统大选。当事件发生以后，如果预测正确，持有正确结果的股票，则每股将获得1美元，从而所得收益是1美元减去当初的买入成本；如果预测错误，持有错误结果的股票，则不会获得奖励，用户亏损的就是当初的买入成本。

许多因素使得Augur不同于传统的预测市场，但是最重要的区别是，Augur 是全球化和去中心化的。世界各地的任何人都可以使用Augur，这将为Augur带来空前的流动性、交易量和传统的交易所不曾有过的多种视角和话题。

REP（信誉）是Augur系统的代币。REP可以被看作一种与个人的公、私地址相关的"积分"，像比特币一样可分割和可交易。然而它也只有这点属性类似于密码学货币。如果说比特币是模拟黄金，那么可以说REP是模拟信誉。

Augur的去中心化还体现在对事件结果的报告机制上。在传统的中心化预测市场，当事件发生以后，由中心化的人或者组织来确定事件结果。与之不同的是，Augur采用去中心化的事件结果报告机制，并引入REP代币。每当事件发生以后，众多REP持有者对事件结果进行报告。但是，普通用户无需持有REP即可在Augur上进行预测、交易。

持有REP的人被期望每8周对系统中随机选择的到期事件／预测的结果进行报告。持有者只有3个选项可以选择：是的（事件发生了）、不是（事件没有发生）、模糊不清／不道德的（如果持有者认为结果模糊不清，可以将报告推迟到下一期，在最终没有决议就结束事件以前，报告者有两个星期的时间来做报告）。用户期望这一过程能够十分快速地进行，当Augur普及以后，这一过程可能在一小时内完成。

如果REP持有者在两周的投票期内没有报告指派给他们的事件的结果，或者进行不诚实地报告，主成分分析法（PCA）会将懒惰的、不诚实的持有者的信誉重新分配给经常报告和诚实报告的持有者。只有诚实的信誉持有者才能从每一次投票过程中获得交易费用。

3.6

资产交易

数字资产是资产交易中的一个重要概念。网络时代的网络会计、办公自动化、电子支付系统平台等使现行的生产方式具有了传统生产方式无法比拟的优越性，可是在现实生活中，它们只是依托磁性介质而存在的一连串"0"和"1"的代码。它们虽是数字化商品，却体现出资产的性质，因此称其为数字资产。所谓资产数字化，就是指以电子数据的形式存在的，在日常活动中持有以备出售或处在生产过程中的非货币性资产。

随着互联网特别是物联网的发展，资产数字化成为新的发展趋势。数字化的资产将可以在区块链上实现自由流动，并记录下每一次的移动轨迹，为资产的各种权利归属的变化提供不可修改的证据。

3.6.1　房产交易

购房合同、空白格式合同样本及其哈希值，确保了格式合同的版本内容是一致的。基于区块链的房产交易保存流程如图3-3所示，第一步，用户将合同的填空（包括相关人的信息等）、选择、附言等部分填完即可完成合同；第二步，将以上内容经哈希运算后获得哈希值，原始合同完成；第三步，买房人、卖房人、见证人可依次签名，并附带相应的公钥，以便验证；

第四步，房产登记中心私钥签名；第五步，将前一步内容经哈希运算后得到的哈希值，连同房产登记中心公钥一起保存到区块链上。第六步，买房人、卖房人、见证人、房产登记中心将以上信息用自己的公钥签名后，可以自行存放，也可以存在区块链上。

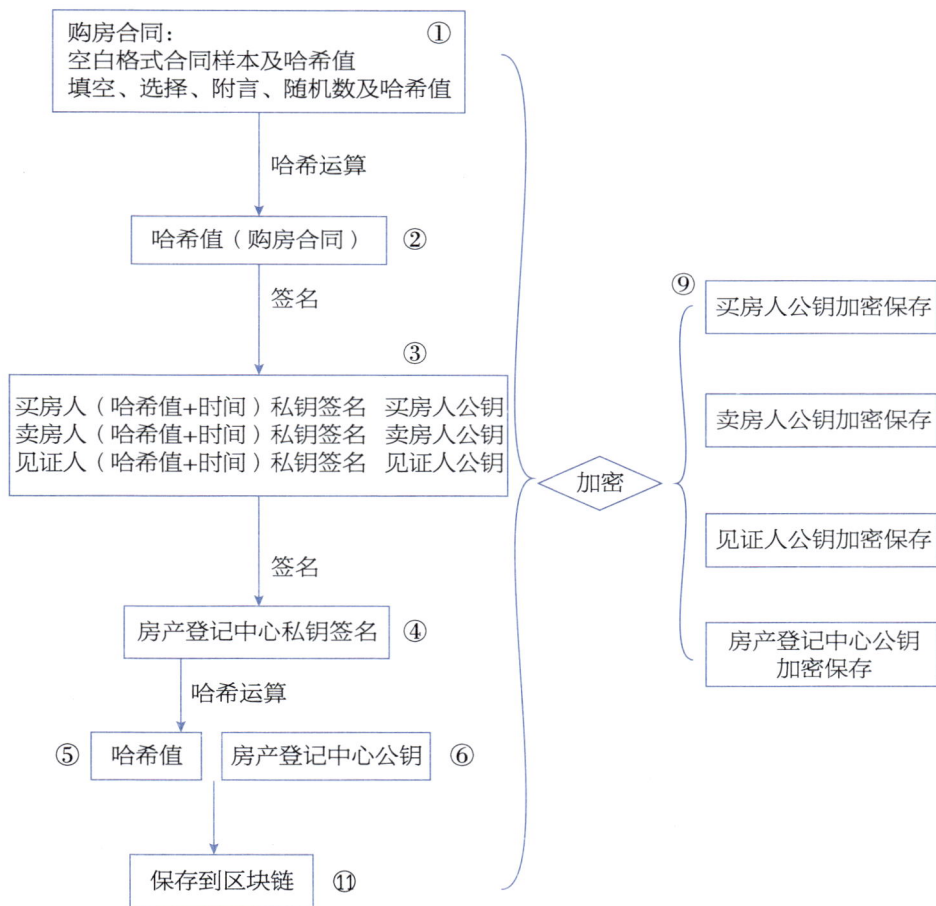

图3-3 基于区块链的房产交易信息保存流程

当用户需要查验信息，或需要给第三方查验信息（如司法部门）时，可按以下方法查验（参见图3-4）。

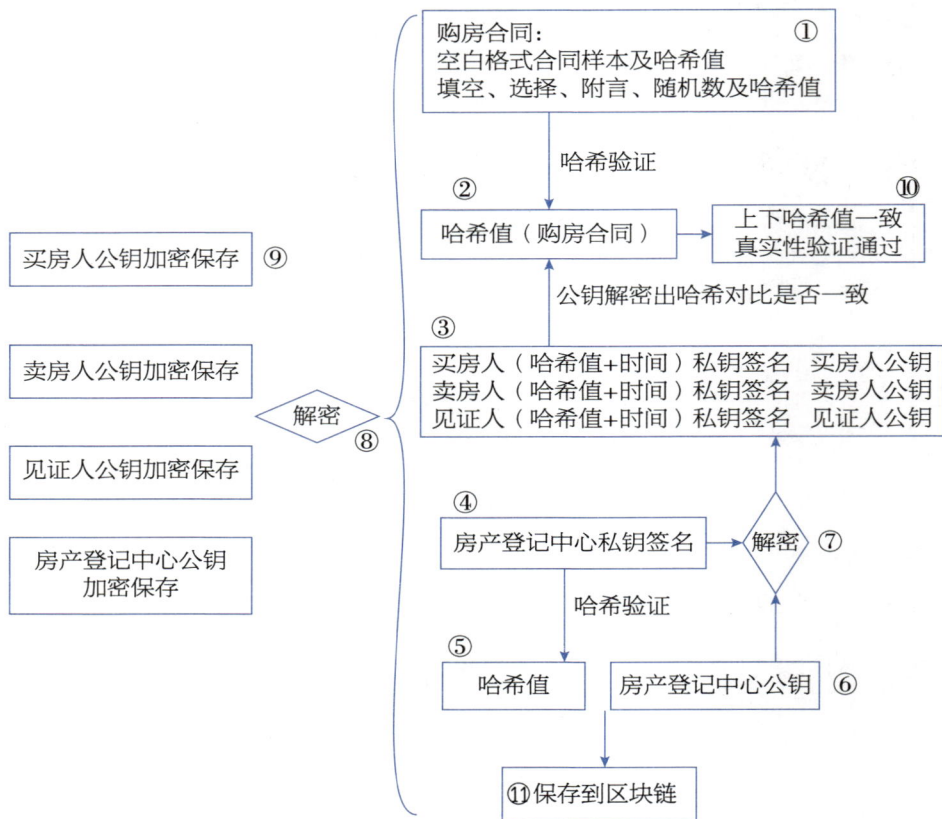

图3-4 基于区块链的房产交易信息查验

01 先把自己的加密文件⑨找到，用私钥解密⑧后发送给第三方；

02 第三方得到原始数据（①、②、③、④、⑤、⑥）后，可将用原始购房合同（①）生成哈希值（②）；

03 验证房产登记中心私钥签名（④）的哈希值是否为区块链上记录的哈希值（⑤）；

04 用房产登记中心公钥（⑥）解密房产登记中心私钥签名（④），得到（③）；

05 用见证人、卖房人、买房人公钥依次解密（③），获得与购房合同（②）一致的哈希值，验证结果为原始合同真实有效（⑩）。

3.6.2 大宗商品交易

在区块链上发行股权、期货、外汇、票据债权资产、大宗商品等数字资产的企业应具备相应的资质并予以公示，若有行业协会或组织的认可则更好。区块链将数字资产的发行、流通、权力人和兑付人清楚地记录下来，不需要复杂的法律文书，也无法作假，有效地降低了交易成本，提高了资源配置效率。

以大宗商品资产数字化交易为例，交易所可以发行与人民币等价的代币，采购商购买代币后可向农民购买大豆，作为货款的代币可以打入3选2多重签名地址，农民、采购商、仲裁方只要有两个私钥就可以同意支付或退款。这里仲裁方是不能够单独移动代币的，从而避免了挪用的风险，如图3-5所示。

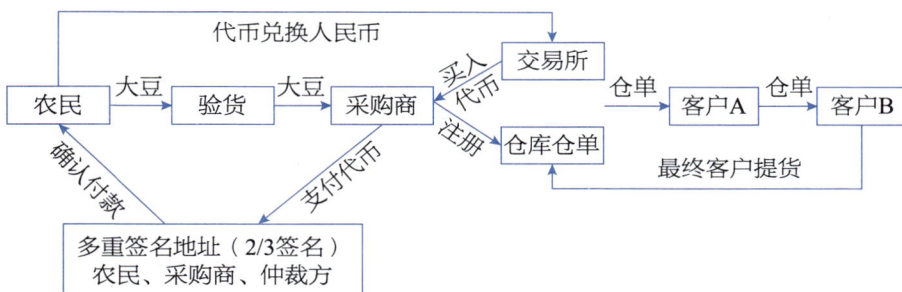

图3-5 基于区块链的大宗商品交易

交易完成后，农民收到代币，可向交易所兑换成人民币。收购商检验大豆后，交易所认可的仓库将其注册为标准仓单，并发放现货数字仓单，投机客和用户都可以用代币买卖数字仓单，也无须将货物反复运送，最终用户最后提货即可。

较常见的是产权类资产的交易，由此可以衍生出资产的经营权、受益权等衍生品的交易。按交易主体之间的组织形式分，有6种形式：兼并、承包、租赁、拍卖、股份转让和资产转让。基于上述对资产以及资产交易的理解，再参考一下区块链领域里相关的3个概念，即区块链世界的3个必要元素：数字资产、智能合约、共识模型。由此有了数字资产类比数据结构、智能合约类比软件算法和共识模型类比软件架构这3个要素，最终生产出区块链的实体：可信的共享的总账本。智能合约可能是非必须的，但这样的区块链会是弱化的。学过编程的人应该都了解数据结构的重要性，数字资产也是类似的概念。在区块链世界里，数字资产是被操作的实体，是有效的被认证的实体，如果没有资产的概念，那么区块链只能用于公证服务，而不能传递价值。

当人们将熟悉的各类实物资产、证券化类资产打上数字的标签后，这些数字化的资产便可以在区块链上实现自由地流动，并记录下每一次移动的轨迹，为资产的各种权利归属变化提供不可修改的证据。在研究资产交易的时候，容易和前面章节中的区块链交易所产生概念上的混淆。可以确定的是，当资产交易以标准化产品的形式进入高频流转状态时，交易所成为最为有效的流转环境；而在数字化资产存在标准化难度以及非高频交易的情况下，具有撮合交易功能的交易所模式就会被以协议转让和做市商模式的交易市场所替代。

现有的各类交易市场是相互分裂的，在信息、资金、权利确认等方面没有打通，对资产交易的流通价值打了一个大大的折扣，这一部分将通过区块链技术以联盟的形式加以完善。

3.7 电子商务

传统的电子商务公司采用中心化的服务，如eBay、亚马逊、阿里巴巴等电子商务平台，对卖家实施严格的监管。他们需要用户提供个人信息，而这些信息可能被盗取或者卖给其他人，用于精准投放广告或者危害更大的滥用。因为电子商务公司和政府审查所有的交易商品和服务，所以买家和卖家不能真正自由地进行交易。

特别是，在国内的电子商务平台，商家的刷单行为已成为潜规则，消费信任体系面临着严重的挑战。消费者的购买行为很大程度上依赖于销售排名、购买评价等，而这自然也会对消费者产生误导，造成错误的选择。刷单破坏了竞争秩序，如果商家都来刷单，市场交易将会偏离公平竞争的轨道，网购生态环境将进一步恶化。刷单尽管在短期内会带来利好，但长期看会严重损害企业的品牌价值。网络交易的维系要靠商家的信用和消费者的认可，一旦由于刷单引发消费信任体系崩塌，对电商的发展可能是致命的，不能掉以轻心。

去中心化的OpenBazaar为电子商务提供了另一个途径。它把权力归还到用户手中，将卖家和买家直接联系在一起，不再需要中心化的第三方来连接买卖双方。因为在交易中不存在第三方，所以不存在交易费用，没有人能够审查交易，而且公开个人信息的决定权也在用户手中[50]。

3.7.1 支付应用

在电子商务中，支付系统是必不可少的一环，它确保了消费者、商家以及金融机构在整个交易过程中的权益和责任安全。而区块链本质上就是一个支付系统，人们完全可以使用区块链上的虚拟货币来对日常生活中的消费进行支付，比如交通支付、水电煤缴费等。此外人们也可以随时向亲友、商家进行转账支付。图3-6为基于区块链的支付系统示意图。

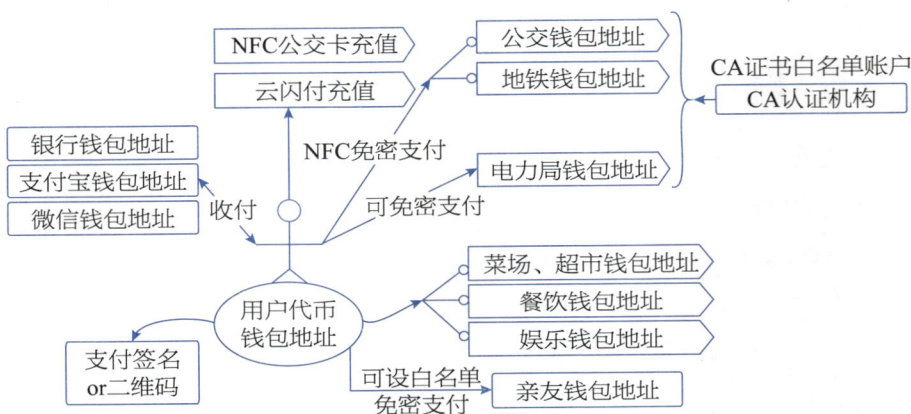

图3-6　基于区块链的支付系统

有人可能会问，目前的网银、第三方支付不都已经实现这些功能了吗？为什么还需要区块链这套支付系统呢？

众所周知，区块链就是一个分布式账本，它建立在去中心化的P2P信用基础之上，人们无需任何第三方金融中介机构，就可以向全世界证明自己的权益；同时，安全性又明显高于其他的电子支付系统，不仅数据无法篡改，而且即使遇到局部的网络瘫痪，也不会影响区块链的运行。此外，区块链技术没有地域限制，对跨境电子商务来说，意义非凡。区块链具有的高效率、低成本特点是其他电子支付系统无法做到的。

3.7.2　仲裁交易

区块链技术具有去中心化、安全性高、记账速度快、成本较低、公开透明等优点。尽管区块链不是一个第三方中介机构，但却可以实现第三方中介的职能。通过区块链上的智能合约，用户可以完成点对点的支付交易，而无需担心对方的信用问题。

当然，在实际的电子商务中，买卖双方当事人在执行合约时也可能会发生争议，这时就需要引入双方信任的中介来仲裁，通过多重签名来完成交易。

在智能合约里，买方、卖方和仲裁方会建立一个需要多重签名的地址，这个地址至少需要两个签名，才可以对外转账。然后买方和卖方分别向该地址发送数字货币和数字资产，假如交易顺利，买卖双方签名确认后就能完成交易；若交易发生纠纷，需退货、赔偿时，中介方可参与仲裁，并与任意一方执行仲裁结果，如图3-7所示。

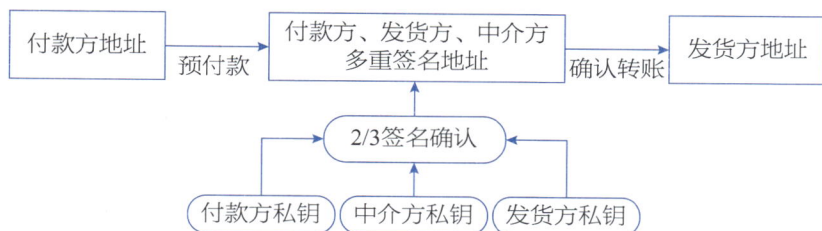

图3-7　基于区块链的贸易仲裁交易示意图

有了支付、仲裁的功能，区块链技术就可应用到人们的日常生活中了。一旦商品细节和消费清单被记录到了区块链，人们的消费情况自然也就明明白白了。

以餐饮为例，商家提前将可提供的菜名、主料、数量、单价等信息登记到区块链上。物价局、工商部门、经消费者协会可担任仲裁方。消费者点菜前生成一个多重签名地址，点完菜后签名预付款，这样既能在消费前确认消费金额，又能让商家确定消费者的消费能力。用餐完毕后，消费者和商家确认即可完成支付，如对消费不满意，可申请仲裁。为基于区块链的餐饮仲裁交易如图3-8所示。

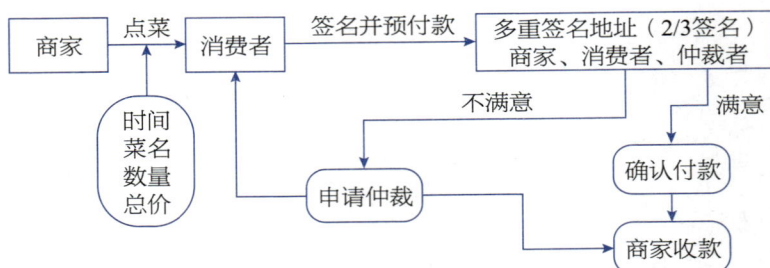

图3-8　基于区块链的餐饮仲裁交易示意图

在现实生活中，如果早有这样的消费模式，青岛天价虾、哈尔滨天价鱼、上海天价茶等事件就不会发生了。

3.7.3　OpenBazaar

OpenBazaar是为网上点对点交易创建的去中心化的网络开源项目[50]。在OpenBazaar平台上买卖双方使用比特币进行交易没有费用，而且不会受到政府监管机构的审查。简单地说，它就是eBay和BitTorrent结合的产物。

假如卖家打算出售旧笔记本电脑，他首先需要下载OpenBazaar客户端，然后在自己的电脑上创建一个商品目录，并标明商品的细节。当卖家公布这一商品目录后，该目录会被发送到OpenBazaar的分布式P2P网络上。其他OpenBazaar用户搜索卖家设置的关键词，如笔记本、电子产品等，就可以发现其商品目录。这样其他用户就可以接受卖家的报价或者不接受报价，提出新的报价。

如果双方都同意价格，OpenBazaar客户端就会使用双方的数字签名为交易创建一个买卖合约，并将该合约发送到被称为公证人的第三方。当买卖双方产生纠纷时，公证人就介入交易。第三方公证人也是OpenBazaar网络的用户，他们可能是你的邻居，也可能是地球另一端的陌生人。不管他们在哪里，当产生纠纷时，他们都是卖家和买家信任的人。第三方为合约作证，并创建多重签名比特币账户，只有当集齐3个签名中的两个时，比特币才会被发送给卖家。

买家发送商定好数量的比特币到多重签名地址。卖家会得到通知，知道买家已经发送货款，就可以发货了，并告诉买家已经发货。几天以后，买家收到笔记本，他将告诉卖家已收到笔记本，并从多重签名地址释放货款。这样卖家获得了比特币，买家获得了想要的笔记本。而在这期间没有额外交易费用，没人审查交易，买卖双方皆大欢喜。

3.8

文件存储

　　传统的中心化云服务，如亚马逊、阿里云等，其成本主要来自于数据中心的建设、员工工资等。但随着业务量的增长，用中心化的云存储架构来提供数据存取服务是昂贵和低效的，同时数据中心消耗了全球约$1.1\% \sim 1.5\%$的电力（并且这种电力消耗还在以每年60%的速度增长）。此外，用户账号和密码被盗的新闻屡见不鲜，这都证明在这种架构下，保证用户资料的安全几乎是不可能的。数据中心成为了互联网的瓶颈，而采用去中心化后，存储成本则只有中心化存储的$1\% \sim 10\%$，一旦去中心化的存储系统是完全自动化的，云存储的价格最终会降至0。如同Uber分配空闲车辆资源一样，通过去中心化的云存储平台，人们也可以出租额外的硬盘空间，并获得相应的回报。例如，Storj、Enigma、MaidSafe这类的平台都已经实现了该项功能。

　　区块链是一种新型的去中心化协议，能安全地存储交易或其他数据，并且无需任何中心化机构的审核监管。运行在基于区块链的新型的云计算平台，无需架设任何服务器。对于区块链，除了把它当作账本来确认交易，可以认为它是由计算设备所组成的网络基础设施，但不应把它理解为传统意义上的云计算，区块链的基础设施并不替代现有的云计算技术，而是将云计算基础推向了大众。相比于传统的云计算基础设施，区块链云可以认为是"瘦云"。因此，它更适合运行一种叫做智能合约的程序，我们可以将智能合约理解为运行于区块链中"虚拟机"上的商业逻辑。显然虚拟机这个名字是从传统云计算中借用来的，其实它就是这些去中心化的计算机所组成的虚拟网络，这些计算机由区块链的共识机制联系在一起，这一共识就是：执行特定的计算机程序。

这里可以把区块链与传统云计算虚拟机上运行程序的开销做一个对比。在亚马逊AWS这样的云平台上运行一个应用时，收费是根据运算时间、存储、数据传输和计算速度共同决定的。而对于以太坊这样的平台来说，你的逻辑运行于物理服务器中，其实无需关心这些服务器如何运行，因为其他用户，也就是俗称的矿工正在帮你打理着服务器。这是一个类似于众包的过程，矿工们根据自己硬件的使用量来获得报酬。因此，区块链云可说是有一种微型的价值定价，它通过一个加密的交易确认和状态变换的记录层实现了传统云计算架构的扁平化。

在这个新的架构之上运行应用还有一项挑战：需要修改你的应用，并遵守基于区块链的Web 3.0架构。以以太坊为例，一个3层的Web 3.0架构包括：（1）先进的浏览器作为客户端；（2）区块链作为共享的资源；（3）由计算机组成的虚拟网络以去中心化的方式运行着商业逻辑。这一范式实际上就是加密去中心化计算发展方向的一个例子，它也是现在的网络应用架构的一个变形[51]。

分布式存储平台——Sia

Sia是分布式文件云存储服务运营商，其发布的一款数据存储协作云服务是基于区块链的，具有自动化点对点的特性，允许用户在可靠的安全协议下定制存储计划。类似于去中心化的存储项目Filecoin和Storj，Sia的目标是建立一个非信任的、具有容错能力的文件存储服务。[52]

个人和用户数据被Sia平台分散存储在众多节点中，可以被自动化智能合约追踪。文件由多阶段进程提供保护，并且由加密算法Twofish进行加密。该平台的强大功能建立在RS分布式文件系统上。所有的用户数据在进入Sia客户端的时候都被分割成很多小块，只留下用户恢复原始数据的少数片段。敏感的用户信息块被压缩至4MB，用于保护用户隐私。最后，每个压缩块又使用客户端的秘钥进行加密。安全协议用来防止黑客攻克Sia平台并窃取用户数据。主机接收到一个加密的二进制块，并且没有关于文件其他部分的信息，即便是黑客们发现了，他们也仍然需要破解众多的加密密钥用以恢复文件。

Sia平台严格而复杂的加密和去中心化的分布式文件系统可被用于去中心化应用的开发。它的API使得开发者可以直接在Sia的客户端存储文件，允许第三方应用的用户直接访问他们的客户化数据存储系统，并且不需要改变原来的客户端。这家公司也发布了与Crypti合作的消息，Crypti是灵活的后台应用开发平台。在这项合作中，Crypti的工程师可以集成Sia的API，访问Sia的数据存储客户端。Sia团队说："作为他们去中心化应用开发的存储层，Crypti已经集成了Sia。Sia提供了API，可以上传文件到存储网络。Crypti是一个灵活的平台，可以集成多个后台，但是Sia是第一个去中心的尝试，允许开发人员创建实实在在的非信任Crypti应用。"第三方应用和Sia平台用户都有权发布在文件存储上的智能合约。这种特性就使得上传者和主机在存储要素上取得共识，包括存储期限、付费计划和总额，并且可以将信息嵌入到区块链中，自动建立一个不可更改的合约。

Sia团队解释道："当合约到期时，主机就会提交一个存储证明到区块链，显示它仍然是合约定义的文件。如何证明是有效的，上传人员的钱将被支付到主机，主机将返回抵押品。但是如果主机提交了无效的证明，或者没有提交证明，所有的钱都将还给上传者。"

"Sia网络的超级并行性意味着上传和下载速度可以满足绝大部分的连接要求。大型分布式节点阵列意味着Sia是一个强大的CDN。广义网上不存在编程逻辑，使得Sia在面对电力中断方面更灵活，比如在电力供应中断和发生自然灾害的时候。Sia网络在具体实现上各方面的表现都是非常先进的。"

目前，Sia云存储网络售价是每TB每月3美元。据网站所述，目前这个网络上已经存储有超过1TB的数据。现在这个项目已经正式发布了，Sia团队的目标是让开发者和企业客户也参与进来。随着平台越来越引人注目，这个团队计划持续改进核心的Sia协议，聘请高级工程师改进平台的安全协议和用户体验。

物流

物流是电子商务中极其重要的一环。2015年11月11日，天猫、京东等电商纷纷刷新了各自的销售额记录，但物流行业却在短时间内承受着6.8亿个包裹的派送压力，丢包爆仓、错领误领、信息泄漏，甚至交通意外导致的包裹损毁，都严重的困扰着物流企业。

区块链上的包裹溯源

区块链作为一个几乎无法篡改的数据库，应用到物流行业，同样能起到惊人的作用。在实际应用中，每个快递员或快递点都有自己的私钥，是否签收或交付只需要查下区块链即可。包裹每转移一次，都需要发送人和接收人的私钥签名来确认，以证明交接完成；包裹信息及其哈希值同时保留在区块链上，当包裹状态发生变化，更新信息也会即时追加到区块链上，以便追踪历史状态。收件人的公钥地址，可由寄件人预先设定，当包裹到达收件人地址，自动完成签收；收件人也可以设置可信的代收点的公钥地址（如小超市、物业、门卫等），来提升物流的派送效率；在区块链上的物流详情，仅参与者和监管机构有权查询，既满足国家对快递物流实名制的要求，又能确保用户的隐私。基于区块链的包裹溯源示意图如图3-9所示。

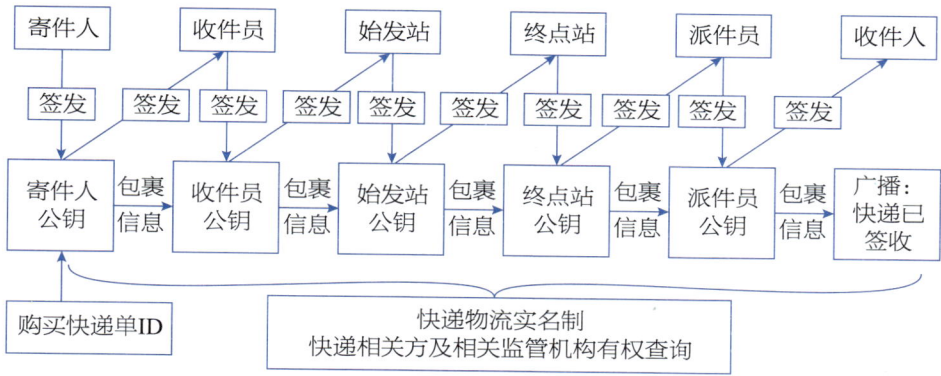

图3-9　基于区块链的包裹溯源示意图

　　区块链在物流领域的应用，完美地体现了它无法篡改和承载大数据的优点。每一个环节都需要进行确定，最终用户没有收到快递就不会签收，快递员无法伪造签名，可以杜绝快递员通过伪造签名来逃避考核，减少用户的投诉。同时，对于快递行业来讲，通过区块链可以掌握产品的物流方向，提高物流速度和工作效率，防止窜货，保证线下各级经销商的利益。

3.10 交易所

股权交易所的参与主体有交易所、上市股份公司、证券公司、商业银行以及投资股东。

区块链在股权交易中的应用流程如图3-10所示。

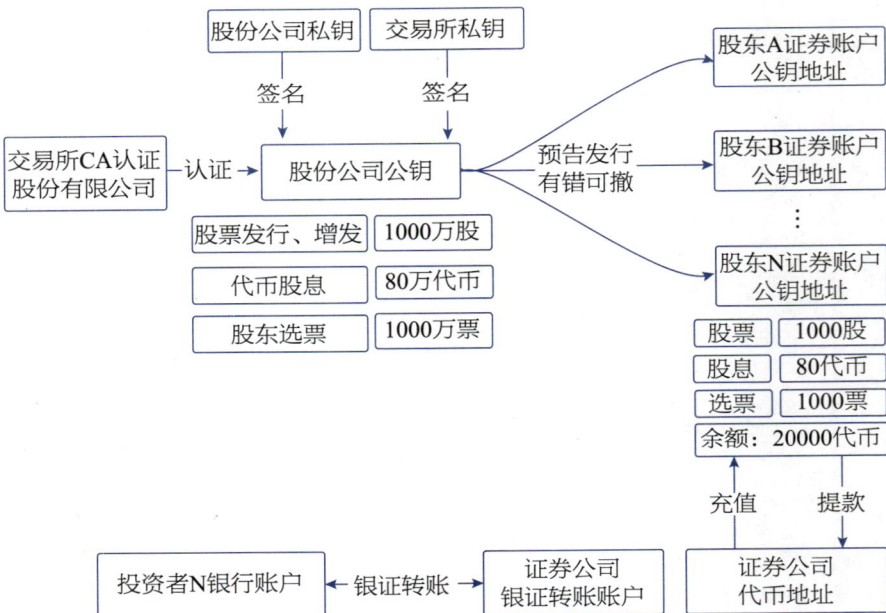

图3-10　区块链在股权交易中的应用流程

数字货币（代币）即投资者购买股票所用的资金。投资者从银行账户里将法定货币转入到证券公司的银证转账账户里，证券公司兑换等量的数字货币，这样就可以实现在区块链上的充值记录查询。

股票交易所里的数字资产包括股票、股息、选票，对应着股权的买卖、股份公司的分红以及股东大会的投票。因此股票的发行交易、股息分红、投票记录也都可以在区块链上查询。

在预告发行：先通知（股东），后执行，确保数字资产发送方向和数量的正确，如果发现错误，可撤销。

区块链交易所

区块链上的交易配对，不只是简单地完成撮合交易，还能查询到哪两个地址完成了配对，以及配对成交了多少的数量，具体过程如图3-11所示。买卖双方通过网络交易系统自主报价，相当于签署了一份智能合约。配对成功时，买入方获得股票，支出相应价值的数字货币，同时卖出方支出股票，获得相应价值的数字货币。

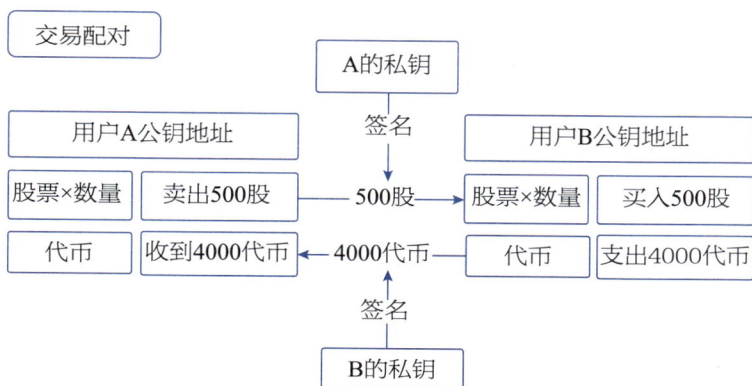

图3-11　基于区块链的交易配对

区块链交易所是这样一个撮合交易平台（见图3-12）：首先由买卖双方自主报价，然后根据价格优先、时间优先等原则进行排队，可以连续竞价，也可以一对多成交；成交的同时，也会自动将交易所需的数字资产或者数字货币汇入到交易所统一的地址中；当市场价格达到智能合约撮合交易的条件时，就会完成配对交易；交易完成后，买方获得数字资产，支出数字货币，卖方获得数字货币，支出数字资产。

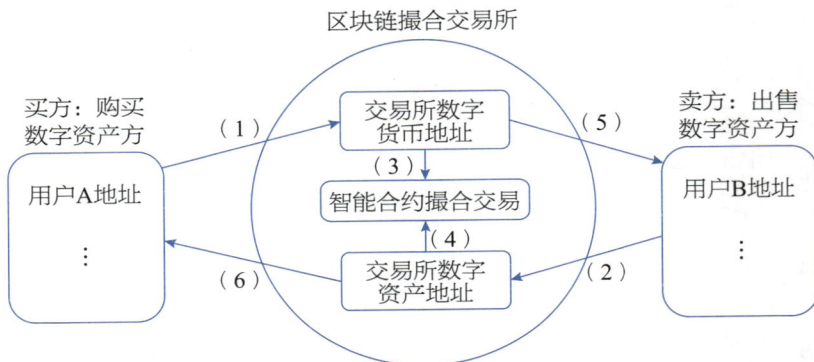

图3-12　区块链撮合交易所

证券市场是区块链非常适合的应用领域，两者之间的契合度非常高。首先，证券登记与发行是证券交易市场的基础。区块链将利用其本身的安全透明、不可篡改、易于跟踪等特点，对证券登记、股权管理、证券发行进行数字化管理，使其变得更加高效和安全。不过，区块链在证券登记发行上的应用存在着法律合规问题、投资者匿名监管问题、区块链上的数字证券与现实世界价值对接等问题。其次，传统的证券交易，需要经过中央结算机构、银行、证券公司和交易所这四大机构的协调工作，才能完成证券的交易。这种模式效率低、成本高，且造就了强势的中介机构，金融消费者的权利往往得不到保障，而区块链系统则可以独立地完成一条龙式服务，所以，全球的金融、证券机构都已在探索这方面的应用。

医疗应用

3.11.1 区块链与个人健康记录

"病历"的一个清晰简明定义是：在诊疗过程中所产生的所有数据（文字、表格、图像、声音等等）都是病历的范畴。在中国，2000年以后就开始逐步推进电子病历，病历书写迎来了无纸化时代。对于医院来说，电子病历的推行提升了医生的办公效率，但是，一个不可否认的事实是，大部分的医疗数据完全封闭，处于孤岛状态。这种信息孤岛现象不仅仅是中国独有，美国也有。美国为了推进个人健康档案的可及性，Markle基金会发起了"蓝钮计划"，这个计划简单地说就是让患者能够下载自己的病例记录。病人能够获得自己的健康数据带来的益处并不仅仅是方便转诊和建立个人的"生命云"，还有一个非常重要的作用是鼓励患者参与到治疗过程中。

现在的问题和困惑是：数据不在患者这里保管，医疗机构有意阻止患者获取自己的数据。在法律层面虽然承认客观病历[①]完全属于患者，但是在实际申请获得数据的时候却会困难重重。

区块链首先要解决的问题就是患者的数据可随时携带，并且永久属于患者个人。由于患者在获取医生之间交流的病历数据时困难重重，美国政府已

---

① 非医生主观的诊断意见，医学影像资料及各种仪器的检验检查结果资料。

经投入了400亿美元来推动医疗记录的Meaningful Use（有效使用），这无疑会推进"蓝钮计划"。可喜的是，中国的OMAHA组织也在推进这样的公益活动，发动医院共享他们的数据给患者使用。

公立医疗机构因为利益分配问题，或者医患关系紧张而不愿意轻易地共享数据。接着难题又出现了，非公立医疗机构和移动医疗创业公司仍然因为商业利益而把数据禁锢在自己的可控范围内。个人的数据碎片化，不能持续记录和共享，浪费了大量的社会资源。因此，要建立一个以个人为最小单位的、基于时间轴连续的、实时更新和传输的医疗健康档案只能是基于区块链技术。要实现把患者的数据交还给本人，将是一个自下而上的运动。

也许有人会担心，由于患者个人意识差，可能会阻碍医疗行业区块链的推进。但是美国著名的医学预言家埃里克·托普的*The Patient Will See You Now*一书启发了人们，并定位了下一代移动医疗的风口：以患者为中心的民主医疗时代即将到来。把医生主导的家长式医疗变成使患者成为自己健康的COO。区块链在这个时代应用于医疗领域将成为一个非常重要的技术杠杆，将赋予患者更多的自主权，便于个体获取医疗数据、积极参与医疗管理，这对于有效降低医疗成本与实现疾病的预测、预防，具有重要的价值。旧金山的居民Santiago Siri在微博上为自己刚出世的女儿Roma Siri制作了一份区块链出生证明，这预示着个人对于区块链在健康领域的应用启蒙。

"HIMSS大会 11.8-11 Washington DC"议题提出，更加强调和认可个人在健康管理中的权力（尽管当下中国的公立医院和医生处于强势地位，随着医疗的互联网化和市场化，患者势必会成为医疗服务的主动参与方），这成为推动以自我管理为核心的新型医疗模式的关键。Lieber特别强调了患者产生的健康数据（Patient-Generated Health Data，PGHD）的重要性，尽管数据本身的专业性和可信度仍受到传统医疗的质疑，然而这部分无疑是相当有价值的数据。"可能是实时的临床数据的最好来源"。个性化是未来医疗发展的关键，如果患者没有拿到自己的数据，不能保证自己的隐私，个性化医疗就没有存在的基础。《颠覆医疗》里面提到，以后是患者为中心的时代，"患者为中心"至少目前还是一个口号而已。以医药虚假广告收入为主的IT公司，他们用强大云计算技术建立病历库，尽管技术诱人，相信那也只是一种甜蜜的诱饵。强大的公司有它强大的丛林法则行为方式，需要和他们保持距离。

3.11.2　区块链与病人隐私保护

患者隐私权，是指患者对上述与医疗相关的个人信息所享有的不被他人知悉、观看、拍摄、公开、干涉、研究、发表和商业利用的一种人格权利。个人意识的觉醒是在于对隐私的保护，维护个人健康记录的隐私权，是区块链首先可以解决的问题。

医疗数据共享、机构加强互操作性对于医疗数据的应用非常重要。但是在开放的环境中，如何保护患者的安全与隐私是一个非常棘手的问题。对于用户认证、安全审计、访问控制这类问题，区块链技术都能较好地解决。关键的前提是将患者数据回归个人保管，这是大势所趋。无论是国际和国内，对于数据互操作性都有大量的标准，也有IHE ATNA（医疗数据安全与隐私的流程）标准。结合患者数据用区块链存储和IHE ATNA的规范标准可以构建出一个兼顾个人隐私和区域卫生信息平台数据交换的新应用模式。因为数据所有权属于个人，这大大简化了审计流程。信息泄露、信息诈骗会降低患者就医满意度，并且会给医疗保险公司带来巨大的风险。骗保、信用欺诈对医疗资源有限的国家危害极大，并且这种灰色的产业链此起彼伏，难以监管。而基于区块链的技术，可以降低审计成本，堵住灰色链条上的资金流失，具有重大的社会意义。

3.11.3　区块链构建医疗互信机制

在中心化体系中，人们都没有得到因为技术进步而带来的实惠，反而感觉医疗行业是一个无底洞，再多的资金和投入都难以让医生和患者满意。以目前的趋势，医疗中心化体制正在不断地被分化瓦解。构成医院的各种资源也在市场经济的环境中不断地被分化瓦解。医院目前还在禁锢医生的自由流动，但其他部分都有被去中心化思维分化的趋势。

在构建互信体系中，区块链不仅仅是在软件层面上的，而且会影响到架构管理层面。在医疗行业的不信任可以总结为4点：医院部门之间信任不畅、患者对于医生不信任、医生对医院不信任、医生对自己不信任。解释最后一点，"医者仁心"在医院的KPI利益面前荡然无存。人才资源的去中心化（医生走向自由执业）、医院资源去中心化（医院将各种非核心业务外包）都有符合去中心化的管理架构的趋势。相对于患者来说，医生需要在区块链上建立自己的品牌，没有医院的光环后，区块链成为医生的核心寄托，在区块链上发行医生自己的信用并持续维护将会成为一个新的生态链结构。在人类没有彻底搞清楚生命本质的时代，在医疗资源有限的情况下，区块链在重构医患关系方面的意义远远高于新型医疗技术发展对社会的意义。

如何将医生的尊严用区块链方式进行积累，山口扬平（《幸福资本论》的作者）做了精辟的阐述："你对社会做了贡献，贡献会产生信用，信用会影响你的社会形象和未来发展。当信用积累到一定程度时，你就会迎来'天降大任于斯人也'的一天。"

对于医生走向自由执业道路，在区块链上持续发行信用，"人们在诚信的平台上，在保证价值的意义与相关信息不被破坏的前提下，推出了新的有机经济体制，即信用主义经济"。区块链技术是医生脱离体制独立发行信用的技术基础。

3.11.4　区块链构建新一代互助医疗保险

区块链给传统保险公司带来的变革，表现在以下几个方面。

（1）大幅度降低达成信任的成本。

（2）回归健康保险的价值——预防干预。

（3）降低审计成本，加快理赔效率。

（4）建立"医疗点对点区块链互助组织"，超越传统保险公司。

在区块链应用的帮助下，保险产品既可以是本地的，也可以是全球的。进一步来说，在保险的市场推广上几乎可以实时地进行本地化调整。区块链应用使得人们可以跨区域交流，传输价值和信息。区块链技术和相关应用在空间上和数量上都是全球性的，但同时也可以调整为满足特定区域人群的具体需求。当从今天绝对的中心化和空间的锚定化模式，转换为点对点双向互动的保险平台时，地域就变成相对无关紧要的选择条件了。[53]

目前，尽管市场上已经出现了各种大病众筹的互助组织，但是与区块链众筹互助组织相比还是有很大的区别。这些众筹组织还是需要中心化的运作模式，并没有彻底消除传统保险公司的弊端，只是他们可能比传统保险公司管理得更加粗放。通过基于区块链的点对点互助保险平台，区块链技术可以让人们更加直接地管理他们的风险。作为系统的运营者，基本上不触及任何的资金，完全没有专门的资金池。所有的资金全部通过第三方支付渠道直接支付给需要保障金的会员，同时确保所有支付记录可以查询。由于运营者不接触资金，所以会规避绝大多数的法律风险，甚至该组织本身也不会被认为具备保险公司的特征。在现有系统中，通过采取更多复杂的保险模式，才能让知情权严重不对称的客户们交出更多的保费。在未来的系统中，通过缴纳保费和支付理赔的方式来获得利润这个基础已经不复存在了，那时现有的精算模型就完全失效了，而新的精算模型将变得更加公平，让系统中的每一个会员获得更公平的保障。这样的精算模型和会员的利益是完全一致的。

互助众筹组织和传统保险公司一样，难以摆脱中心化的运作方式。因为参保人并不能掌控中心化的实际运作成本。

表3-1是目前医疗健康保险公司认为合理的保费构成，从中可以看到，

营运、佣金和TPA的比例非常高。真正的医疗保险公司是为了推进人类健康，而非仅仅是一个金融游戏。只有基于区块链的DAO健康互助组织，才符合未来的发展趋势，该组织中，包括定价和DAO的走向都由参加众筹的用户来投票决定。因为众筹组织无法兑现承诺而跑路的公司比比皆是，所以DAO将会是未来医疗保险的重要组成部分。为了让互助医疗保险的DAO能够有效运营，可以灵活地使用各种规则，比如"为了组织提议的垃圾化，新建提议时需要支付最小押金，如果达到法定数将返还押金，如果不足，则提议的押金将保留在DAO中。代币的价格随着时间而增加，这些规则都可以写入合约中自动执行"[①]（这里可以理解为，越是后期购买的人风险越小，这些人当然需要支付更高的价格）。各种规则用数学模型写入合约并自动地执行，就是为了透明和公平。

表3-1　目前医疗健康保险公司的合理的保费构成

保费构成	占比
年金	45%
风险	15%
TPA	10%
佣金	5%
营运	25%

在TPA（第三方健康管理）部分，为了鼓励患者能够主动做健康干预，可以将奖励规则写入到合约里面。以健康为目的DAO互助组织和传统保险公司最大的不同是，健康DAO互助组织会尽可能透明地运作和去中心化管理，并且尽量让更多的资金投入到TPA，而目前传统的保险公司和医疗互助众筹组织都很难做到这一点。没有健康干预，这些公司始终玩的就是金融游戏，这不是医疗保险公司或众筹组织应该的目标。可以想象一下，结合区块链与物联网，就能在某些领域做到有效干预，比如客户持续穿戴心电监测设备1个月，DAO就执行代币奖励，并且自动降低客户在第二年的参保费用。无论

① 摘自DAO（slok）白皮书。

科技如何发展，人们应该清醒地认识到，人类80%的健康因素取决于他们的行为和习惯，而行为和习惯是可以改变的。人们应该是自己健康的COO，区块链智能合约将在TPA中扮演重要的角色。

在医疗保险领域，区块链技术首先可以应用在降低审计成本方面，包括身份识别、医疗数据和费用的不可篡改，但更深层次的应用是建立健康互助的DAO组织，这个组织会彻底颠覆现有的保险模式。

3.11.5 区块链与健康云

医疗数据结构非常复杂，这些数据是不是都需要写入到区块链中？当然不是这样。结合中心化云存储和区块链是实际的解决办法，如图3-13所示。

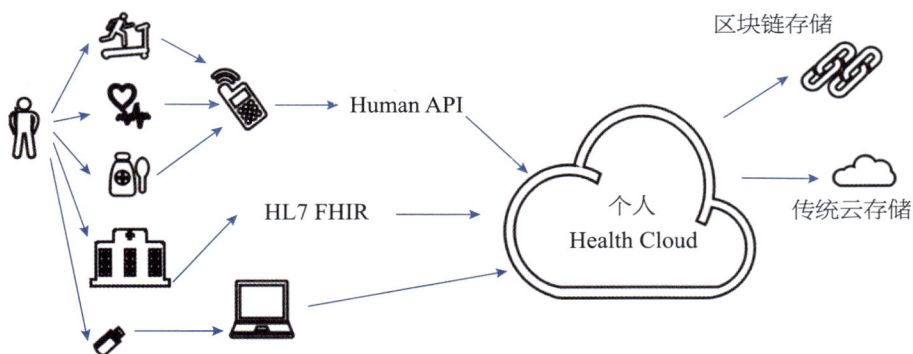

图3-13 医疗数据存储方案示意图

如图3-13所示，医疗数据中有来自于个人医疗传感器的数据、医院和体检机构的数据和个人直接上传的数据。为了让数据有很强的互操作性，可以基于HL7发布的FHIR（Fast Healthcare Interoperability Resources，快速健康互操作性资源）来定义数据和基本元素标准。Health Cloud（健康云）是区块链存储和传统云存储的结合。

个人健康云需要组织的数据如图3-14所示。

区块链存储	云存储
病人基本资料	个人传感器数据
核心账单	检验和影像数据
关键医疗记录、治疗结论	基因测序数据
需要审计的其他数据	其他声音、视频、PDF等

图3-14　个人健康云数据

对于核心数据，包括患者的隐私资料、核心账务数据、治疗过程等内容可以写入到区块链中。对于占存储容量非常大的数据，比如医学影像、基因测序、其他声音、图片等，还是应该存入云存储中。在区块链里面可以存储这个文件的哈希值和云存储的url地址等，重要信息可以在加密后放在云存储中。由于文件的数量太大，区块链里面无法存储这个文件，但又要申明有这个文件存在，可以用哈希值来校验文件的唯一性。首先，可以结合区块链和密码学技术，让患者拥有他们的私匙；运用综合技术在病历层面上打造医疗的区块链生态，中心化的服务器在关键业务中仍然需要发挥作用，区块链技术可以作为患者私匙的技术基础。医生也可以建立这样的健康云，其中一部分数据可以来自患者的主动贡献和分享。

如图3-15所示，基于区块链的健康数字资产，可以方便地实现转诊、授权和调阅，再也不必害怕数据被别人窃取了（当然需要保管好自己的私钥）。将个人健康数字资产加入到DAO组织，在区块链上发布自己的健康知识，写入自己的知识版权记录，就可以进行交易，即使授权给科研机构使用也可以按照协议分得收益。授权个人健康信息研究新药，并且获得药厂的奖励是天经地义的，这让制药厂商和个人都能受益，而各种移动医疗公司都在争先恐后地想当这个中介，他们剥夺了患者个人的利益，使得大家没有积累数据的动力。一直以来，数据是患者的重要财富，可惜买卖都不能被个人掌控，区块链给了患者本人进行自主交易的权利。持续地建立真实信息，对于和保险公司迅速达成互信快速理赔，和保险众筹组织进行协同健康干预非常有价值。

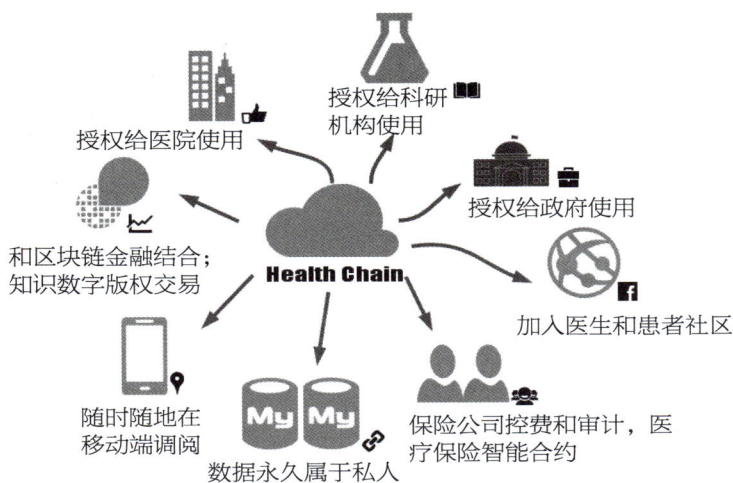

图3-15　健康链

区块链技术提供了一种利用去中心化和去信任方式的、集体维护一本数据簿可靠性的技术方案，其在医疗领域的应用已经不仅仅体现在技术层面。率先使用区块链写入健康信息并不能保证其业务模式就能基业长青，按照DAO的发展趋势，区块链对于医疗的深远影响在于，它的出现可以加速医疗生态的重构。医疗健康是一个宏伟巨大的市场，区块链是构建医疗产业新秩序的基石。让客户和患者重回医疗产业的中心，并且用低成本的方式构建新的组织形态来推进个人的健康，将是区块链无与伦比的贡献。

4.1 以太坊

以太坊[54]是一个开放的区块链平台，任何人都可以在上面创建和运行去中心化的应用，这些应用包括但不限于加密货币。与比特币一样，以太坊不受任何人控制，它是由来自世界各地的开发者共同创建的开源项目。但是不同于比特币协议，以太坊的协议更加灵活，它允许用户创建自己的操作，而不是给用户预先设置好的操作（例如比特币发送交易）。

狭义上讲，以太坊是指一套协议，该协议定义了一个去中心化的应用平台。以太坊的核心是以太坊虚拟机（EVM），它可以执行任意复杂的代码。按照计算机科学术语，以太坊是"图灵完备"的。开发者可以使用友好的编程语言创建运行在EVM上的应用。

与任何区块链一样，以太坊也包括点对点网络协议。以太坊区块链数据是由许多节点连接而成的网络进行维护和更新的。网络上的每一个节点都运行EVM和执行相同的指令。因此，以太坊有时候被形象地描述成一台"世界计算机"（World Computer）。在以太坊网络上的大量并行计算并没有使计算更加高效。事实上，这一过程使得以太坊上的计算比传统"计算机"更加缓慢和昂贵。以太坊上的每个节点都运行EVM是为了维护整个区块链的共识。去中心化的共识给予以太坊极强的容错能力、保证零停机，并使得存储在区块链上的数据永久不可更改。

以太坊平台是价值中立的。类似编程语言，以太坊被用于哪些领域取决于企业家和开发者。然而，以太坊并非适合所有的应用，以太坊更加适合在节点间自动地交互或者促成一组网络上协调行动的应用。例如，用于协调点对点市场的应用，或者复杂金融合约的自动化。比特币的运行无需中介，例如，无需金融机构、银行或者政府，就可以交换现金。以太坊的影响可能更加深远。理论上，任意复杂的金融交互或者交易都可以利用运行在以太坊上的代码自动、可靠地实现。除了金融应用以外，任何需要高度信任、安全和可靠性的情况，例如资产注册、投票、管理和物联网，都会受到以太坊平台的巨大影响。

4.1.1　以太币

以太币是以太坊内置的货币，它被用于支付EVM中的计算费用。支付过程是通过用以太币购买Gas（燃料）间接进行的。以太币常用的货币单位包括1ether = 10^3、finney = 10^6、szabo = 10^{18}和wei。Wei为最小的货币单位，类似于比特币系统中的"聪"，代码中货币的默认单位是wei。

以太坊通过预售的方式一共募集到31531个比特币（根据当时的比特币价格，相当于1843万美元）。根据预售时的比特币地址，可以看到每一笔资金的转入和转出。预售一共进行了42天，在前两周1个比特币可以买到2000个以太币（当时1比特币的价格约3500元左右，即当时购买价1ether是1.7～1.8元）。之后1个比特币能够买到的以太币数量随着时间而递减，在最后一周，1个比特币可以买到1337个以太币。前两周的以太币收到超过2.5万比特币，出售的以太币超过5000万。最终售出的以太币的数量是60 102 216个。此外，$0.099x$（x=60 102 216为发售总量）个以太币将被分配给BTC融资或其他的确定性融资成功之前参与开发的早期贡献者，另外一个$0.099x$将分配给长期研究项目。故以太币正式发行时数量为60 102 216+60 102 216×0.099×2 = 72 002 454个。

以太坊初期使用PoW共识机制，因此每年都有新的以太币被矿工挖出。白皮书中预计自上线时起每年都将有$0.26x$，即每年有$60\ 102\ 216 \times 0.26 = 15\ 626\ 576$个以太币被矿工挖出。事实上，现在每15秒就会生成一个区块，每个区块奖励5个以太币，每年大约增发1000万个以太币。转成PoS共识机制后，每年产出的以太币将减少。预计2017年转为PoS共识机制，到那时新增发的以太币数量将急剧减少，甚至可以做到不增发。

4.1.2　运行原理

以太坊吸收了许多比特币的特性和技术，同时也引入了许多修改和创新。在以太坊中，智能合约是头号概念。官网对以太坊的定义是：一个运行智能合约的去中心化平台。以太坊的众多功能就是通过智能合约实现的，或者可以简单地说，以太坊 = 区块链+智能合约。

那什么是智能合约？从本质上讲，智能合约其实根本不"智能"，甚至也不是"合约"。以一种陈述性的方式描述，智能合约是运行在区块链上的一段代码，这段代码会遵守预先定义的规则，根据接收到的信息做出确定性的响应。它是运行在可复制、共享的账本上的计算机程序，可以处理信息，接收、储存和发送价值。如果说区块链是不可篡改的数据库，那么智能合约就是运行在区块链上的不可篡改的程序。

智能合约的代码会被编译成底层的字节码，然后被部署到区块链上，并获得一个地址。当一个交易发送到该地址，区块链网络中的每一个节点都会在各自的虚拟机中运行脚本代码，交易附带的数据会被视为调用参数传递给智能合约。

智能合约是事件驱动的、自治的、可重复使用的、模块化的代码。在区块链中会存在很多不同功能的智能合约，并且人们可以像搭积木一样，通过组合不同的智能合约，来达到各种不同的目的。比如从简单的投票功能，到差价合约，再到买入返售这样可以模板化的标准合约，或者干脆是一个创新的、任意的商业合同。

4.1.3　以太坊虚拟机

以太坊虚拟机（EVM）是以太坊中智能合约的运行环境。它不仅被沙箱封装起来，事实上它被完全隔离起来，也就是说运行在EVM内部的代码不能接触到网络、文件系统或者其他进程。甚至智能合约与其他智能合约也只有有限的接触。

比特币的区块链只是一系列交易，以太坊的基本单位是账户（Account）。以太坊区块链追踪每个账户的状态，所有状态转换都是账户间的价值和信息转移。在以太坊中有两类账户，外部账户与合约账户，它们共用同一个地址空间。外部账户，被公钥-私钥对控制（人类控制）。合约账户，被存储在账户中的代码控制。外部账户的地址是由公钥决定的，合约账户的地址是在创建合约时确定的（这个地址是由合约创建者的地址与该地址发出过的交易数量通过计算得到的，地址发出过的交易数量也被称作Nonce）。合约账户存储了代码，外部账户则没有，除了这点以外，这两类账户对于EVM来说是一样的。每个账户有一个Key-Value形式的持久化存储。其中Key和Value的长度都是256比特，名字叫做Storage。另外，每个账户都有一个以太币余额（单位是Wei），该账户余额可以通过向它发送带有以太币的交易来改变。一笔交易是一条消息，从一个账户发送到另一个账户（可能是相同的账户或者零账户）。交易可以包含二进制数据（Payload）和以太币。如果目标账户包含代码，该代码会被执行，Payload就是输入数据。如果目标账户是零账户（账户地址是0），交易将创建一个新合约。正如上文所述，这个合约地址不是零地址，而是由合约创建者的地址和该地址发出过的交易数量（Nonce）计算得到的。创建合约交易的Payload被当作EVM字节码执行。执行的输出做为合约代码被永久存储。这意味着，为了创建一个合约，你不需要向合约发送真正的合约代码，而是发送能够返回真正代码的代码。

以太坊上的每笔交易都会被收取一定数量的Gas，收取Gas的目的是用来限制执行交易所需的工作量，同时支付执行的费用。当EVM执行交易时，Gas将按照特定的规则被逐渐消耗。Gas Price（Gas的单价）是由交易创建者设置的，发送账户需要预付的交易费用 = Gas Price × Gas Amount；如果执行结束时还有剩余的Gas，这些Gas将被返还给发送账户。无论执行到什么位置，一旦Gas被耗尽（比如降为负值），将会触发一个Out-of-Gas异常。当前调用帧所做的所有状态修改都将被回滚。

每个账户有一块持久化的内存区域，称为存储，其形式为Key-Value，Key和Value的长度均为256比特。在合约里，不能遍历账户的存储。相对于主存和栈，对存储的读操作相对来说开销较大，而修改存储的开销更大。一个合约只能对它自己的存储进行读写。第二个内存区被称为主存。合约执行每次消息调用时，都有一块新的、被清除过的主存。主存可以以字节粒度寻址，但是读写粒度为32字节（256比特）。操作主存的开销随着主存的增长而变大（平方级别）。

EVM不是基于寄存器，而是基于栈的虚拟机，因此所有的计算都在一个被称为栈的区域中执行。在栈中最多可以存在1024个元素，每个元素的长度为256比特。对栈的访问只限于在其顶端，方式为：允许复制最顶端的16个元素中的1个到栈顶，或者是交换栈顶元素和下面16个元素中的1个。所有其他操作都只能取最顶的2个（或1个，或更多，取决于具体的操作）元素，并把结果压在栈顶。当然也可以把栈上的元素放到存储或者主存中。但是无法只访问栈中指定深度的那个元素，如果要访问指定深度的那个元素，必须要把指定深度之上的所有元素都从栈中移除才行。

EVM的指令集被刻意保持在最小规模，目的是尽可能避免产生共识问题错误。所有的指令都是针对256比特这个基本的数据类型的操作，具备常用的算术、位、逻辑和比较操作，也可以做到条件和无条件跳转。此外，合约可以访问当前区块的相关属性，比如它的编号和时间戳。

合约可以通过消息调用的方式来调用其他合约或者发送以太币到非合约账户。消息调用和交易非常类似，它们都有一个源、一个目标、数据负载、以太币、Gas和返回数据。事实上，每个交易都可以被认为是一个顶层消息调用，这个消息调用会依次产生更多的消息调用。一个合约可以决定剩余Gas的分配，比如内部消息调用时使用多少Gas，或者期望保留多少Gas。如果在内部消息调用时发生了Out-of-Gas异常（或者其他异常），合约将会得到通知，一个错误码被压在栈上，这种情况只有内部消息调用的Gas耗尽时才会发生。在Solidity中，这种情况下发起调用的合约默认会触发一个人工异常，该异常会打印出调用栈，就像之前说过的，被调用的合约（发起调用的合约也一样）会拥有崭新的主存，并能够访问调用的负载。调用负载被存储在一个单独的，被称为Calldata的区域。调用执行结束后，返回数据将被存放在调用方预先分配好的一块内存中。调用层数被限制为不超过1024层，因此对于更加复杂的操作，应该使用循环而不是递归。

存在一种被称为callcode的特殊类型的消息调用。它跟消息调用几乎完全一样，只是加载来自目标地址的代码将在发起调用的合约上下文中运行。这意味着一个合约可以在运行时从另外一个地址动态加载代码。存储、当前地址和余额都指向发起调用的合约，只有代码是从被调用地址上获取的，这使得Solidity可以实现"库"。可复用的库代码可以应用在一个合约的存储上，可以用来实现复杂的数据结构。

在区块层面，可以用一种特殊的、可索引的数据结构来存储数据，这个特性被称为日志，Solidity用它来实现事件。合约创建之后就无法访问日志数据，但是这些数据可以从区块链外高效地访问。因为部分日志数据被存储在布隆过滤器（Bloom Filter）中，所以可以高效并且安全地搜索日志，对于那些没有下载整个区块链的网络节点（轻客户端），也可以找到这些日志。

合约甚至可以通过一个特殊的指令来创建其他合约（不是简单的向零地址发起调用）。创建合约的调用跟普通的消息调用的区别在于，负载数据执行的结果被当作代码，调用者/创建者在栈上得到新合约的地址。

　　只有在某个地址上的合约执行自毁操作时，合约代码才会从区块链上移除。合约地址上剩余的以太币会发送给指定的目标，然后其存储和代码被移除。注意，即使一个合约的代码不包含自毁指令，依然可以通过代码调用（callcode）来执行这个操作。

4.1.4　一个简单的智能合约

　　Solidity是以太坊创造的智能合约编程语言，语法类似JavaScript。它被设计成以编译的方式生成以太坊虚拟机代码。使用它很容易创建用于投票、众筹、封闭拍卖、多重签名钱包等类型的合约。

　　先从一个非常基础的例子开始。读者不用担心自己对Solidity还一点都不了解，本书将逐步介绍更多的细节。

```
contract SimpleStorage {
    uint storedData;
    function set (uint x) {
        storedData = x;
    }
    function get () constant returns (uint retVal) {
        return storedData;
    }
}
```

　　在Solidity中，一个合约由一组代码（合约的函数）和数据（合约的状态）组成。合约位于以太坊区块链上的一个特殊地址中。Uint storedData，这行代码声明了一个状态变量，变量名为storedData，类型为uint（256比特无符号整数）。读者可以认为它就像数据库里面的一个存储单元，与管理数据库一样，可以通过调用函数查询和修改它。在以太坊中，通常只有合约的拥有者才能这样做。在这个例子中，函数set和get分别用于修改和查询变量的值。这与很多其他语言一样，访问状态变量时，不需要在前面增加this这样的前缀。这个合约还无法做很多事情（受限于以太坊的基础设施），仅允许任何一个人储存一个数字。世界上任何一个人都可以存取这个数字，因而缺少一个（可靠的）方式来保护你发布的数字。任何人都可以调用set方法，设置一个不同的数字来覆盖你发布的数字。但是你发布的数字将会留存在区块链的历史上。稍后再来学习如何增加一个存取限制，使得只有你才能修改这个数字。

接下来的合约将实现一个形式最简单的加密货币。空中取币不再是一个魔术，当然只有创建合约的人才能做这件事情（想用其他货币发行模式也很简单，那只是实现细节上的差异）。而且任何人都可以发送货币给其他人，不需要注册用户名和密码，只要有一对以太坊的公钥和私钥即可。对于在线Solidity环境来说，这不是一个好的例子。如果你使用在线Solidity环境来尝试这个例子，那么调用函数时，将无法改变from的地址。所以你只能扮演铸币者的角色，可以铸造货币并发送给其他人，而无法扮演其他人的角色。这点，在线Solidity环境将来会做改进。

```
contract Coin {
    //关键字"public"使变量能从合约外部访问
    address public minter;
    mapping (address => uint) public balances;
    //事件让轻客户端能高效的对变化做出反应
    event Sent(address from, address to, uint
amount);
    //这个构造函数的代码仅仅只在合约创建的时候被运行
    function Coin() {
        minter = msg.sender;
    }
    function mint(address receiver, uint amount) {
        if (msg.sender != minter) return;
        balances[receiver] += amount;
    }
    function send(address receiver, uint amount) {
```

```
        if (balances[msg.sender] < amount) return;
        balances[msg.sender] -= amount;
        balances[receiver] += amount;
        Sent(msg.sender, receiver, amount);
    }
}
```

这个合约引入了一些新的概念，让我们一个一个地看一下。address public minter，这行代码声明了一个可公开访问的状态变量，类型为address。address类型的值大小为160比特，不支持任何算术操作。适用于存储合约的地址或其他人的公钥和私钥。public关键字会自动为其修饰的状态变量生成访问函数。没有public关键字的变量将无法被其他合约访问。另外，只有本合约内的代码才能写入。自动生成的函数是：function minter（）returns（address）{ return minter; }。当然，我自己增加一个这样的访问函数是行不通的，编译器会报错，指出这个函数与一个状态变量重名。下一行代码mapping（address => uint）public balances，创建了一个public的状态变量（其类型更加复杂）。该类型将一些address映射到无符号整数。mapping可以被认为是一个哈希表，每一个可能的key对应的value被虚拟地初始化为全0，这个类比不是很严谨，对于一个mapping，无法获取一个包含其所有key或者value的链表。所以我们得自己记着添加了哪些东西到mapping中。更好的方式是维护一个这样的链表，或者使用其他更高级的数据类型。或者只在不受这个缺陷影响的场景中使用mapping，就像这个例子。在这个例子中，由public关键字生成的访问函数将会更加复杂，其代码大致如下：

```
function balances(address _account) returns (uint
balance) {
    return balances[_account];
}
```

我们可以很方便地通过这个函数查询某个特定账号的余额。event Sent

（address from，address to，uint amount）这行代码声明了一个"事件"。由Send函数的最后一行代码触发。客户端（服务端应用也适用）可以以很低的开销来监听这些由区块链触发的事件。事件触发时，监听者会同时接收到from、to、amount这些参数值，可以方便地用于跟踪交易。为了监听这个事件，可以使用如下的代码。

```
Coin.Sent().watch({}, '', function(error, result)
{…})
    if (!error) {
        console.log("Coin transfer: " + result.args.
            amount +" coins were sent from " + result.
            args.from +" to " + result.args.to + ".");
        console.log("Balances now:\n" +"Sender: " +
            Coin.balances.call(result.args.from) +
            "Receiver: " + Coin.balances.call(result.
            args.to));
    }
}
```

注意在客户端中是如何调用自动生成的balances函数的。这里有个比较特殊的函数Coin，它是一个构造函数，会在合约创建的时候运行，之后就无法被调用了，它会永久地存储合约创建者的地址。msg（以及tx和block）是一个神奇的全局变量，它包含了一些可以被合约代码访问的属于区块链的属性。msg.sender 总是存放着当前函数的外部调用者的地址。

最后，真正被用户或者其他合约调用，用来完成本合约功能的函数是mint和send。如果合约创建者之外的其他人调用mint，那么什么都不会发生。而send可以被任何人（拥有一定数量的代币）调用，发送一些币给其他人。注意：当你通过该合约发送一些代币到某个地址，在区块链浏览器中查询该地址时，将什么也看不到，因为发送代币导致的余额变化只存储在该代币合约的数据存储中。通过事件我们可以很容易创建一个可以追踪你的新币交易和余额的"区块链浏览器"。

4.1.5 以太坊生态

以太坊的核心价值主张可以总结为一个词：协同效应。以Maker[55]为例，Maker（以太坊平台上的稳定币项目）开始计划集成，并和多个以太坊项目产生了协同效应，比如下面列出的一些项目。

Augur[56]（以太坊平台上的预测市场项目）。Maker为Augur提供稳定的价值储藏，Augur为Maker提供用户。Maker也可以使用他们的货币在Dai做抵押品。

Slock[57]（以太坊平台上的区块锁项目）。Maker可以使用他们的产品——以太坊计算机，方便的、分布式的即插即用服务器来运行Maker的守护进程。这些守护进程用来给Maker提供去中心化的定价和交易机器人（意味着Dai有更好的资金流动性），Maker同样可以给Slock提供稳定的价值储藏和可以使用它的DAO币在Dai做抵押品。

EtherEx[58]（以太坊平台上的去中心化交易所项目）。Maker提供了一种稳定的价值储藏，允许去中心化的以太币投资交易，直接在以太坊上使用Maker的服务，而且Maker也会得到更好的资金流动性。在这个平台赚钱的同时，不需要关心KYC和其他用户要处理的琐事。

Digix（以太坊平台上的黄金资产项目）。Maker可以使用他们的黄金代币在Dai做抵押品，用非加密货币资产来增加抵押品的多样性。

Oraclize[59]（向区块链输入外部世界信息）。Maker使用他们的服务做为额外一层进行安全定价，确保系统足够健壮，通过他们的oracle机制确保不易轻易被攻击。同时，Maker可以用提供的更安全服务的Dai所获得的收益，来支付他们的服务。

由于以太坊无需许可并且是图灵完备的，使得所有这些运行在同样的虚拟机上，使用相同的语言和标准的项目都可以轻易地互相集成为第一公民，互相增加价值和实用性。

上面的每一个项目在Maker系统中都是一个乘数，会产生指数效应，而不是线性增长，因为每一个新的项目会集成其他项目。同样的，当任一项目有更多的用户参与或者规模扩大，都会影响到其他项目，以一种或者多种方式产生正面的促进作用。另外一个巨大的优点是，所有这些项目之间的集成和协同都是直接的，它直接得益于开源的生态和以太坊高效的标准。当然，在多数情况下，在以太坊的早期阶段，这些项目之间依然需要直接的合作，但是需要谨记的是这不是必须的，一旦以太坊规模扩大，这将变为一个巨大的优点。

4.2

公证通

区块链允许多方在全球范围内，以去中心化、去中介化的形式进行多种形式的交易。比如，通过数字货币进行即时支付和汇款，亦可执行更为复杂的金融合约，甚至将物理资产通过区块链系统进行价值交换。此外，区块链不仅能用于交易，还能作为用于记录、追踪、监测、转移资产的巨大数据库。

4.2.1　去中介的信任引擎

区块链领域的发展之快可用雨后春笋来形容，众多的项目在国内外落地开花。比如区块链技术公司Digital Assets Holding提供了金融机构间的大宗交易解决方案；Overstock采用区块链技术发行加密数字债券；Ethereum发布的智能合约系统等等。公证通[60]（Factom）公司与众多区块链创业公司相比，更专注于数据和交易记录的存储及证明，通过区块链技术建立了一个无需第三方的信任引擎。

过去，人们常通过第三方的信用背书方式，来建立或增强群体之间的信任。但如今，人们越来越意识到，在互联网的虚拟世界里，这些增信方式也存在着瑕疵，更有可能是无效的（如目前国内大量倒闭的P2P平台）。此外，可以预见，在今后的数字时代将更易遭到黑客的攻击，那会产生网络信息安全隐患。更甚之，在现实世界中，传统的增信方式也在逐渐失效，有些过去所确信的人或事，将会变得不再那么值得信任。

然而，信任的重要性不言而喻，它是世界上任何价值物体进行转移、交易、存储和支付的基础。缺失了信任，人们将无法完成任何价值的交换。随着人类社会越来越数字化，互联网将由传递信息、消除信息不对称的信息互联网，逐渐向传递价值、降低价值交换成本的价值互联网进化。人们开始尝试通过数字算法作为补充手段，来建立交易双方的信任关系，使得弱关系可以依靠算法建立起强连接。

通过公证通的运行机制和工作原理，可以看到，由于所有的记录都在区块链的网络中，彼此链接可以被追溯。并且随着时间的推移，修改区块的内容需要巨大的算力，可以说过去的区块几乎不可能被篡改。同时，这些记录或交易行为发生的时候，并不需要通过一个值得信赖的组织和权威证明的第三方，因此这些中心化的组织被"弱"中心化了。另外，公证通作为业务场景与多个区块链账本之间的中间层，提供了一种灵活的访问方式。上层的业务基于公证通区块链引擎所提供的软件，把验证审查过的数据发布到区块链账本上，并可通过公证通提供的软件进入该区块链进行搜索和验证。通过这种封装和类似于中间件的做法，可以显著降低上层业务连接到区块链账本的难度和成本，同时解决了数据或交易量的扩展性难题。

在如今的数字时代，服务商以用户为中心开发产品并迅速迭代。通过建立共享平台，提供免费和增值服务的商业模式被广泛应用，解构与脱媒化趋势日益显现，草根文化、咖啡馆文化在全球迅速兴起。查尔斯·达尔文（Charles Darwin）在进化论中曾经提出过"物竞天择，适者生存"。互联网无疑是数字技术时代带来的最大产物，它革新了世间万物，改变了传统的商业模式。区块链技术将引发价值交换功能的变革预期，使它的革命性潜能将与互联网不相上下，这将会影响社会的方方面面。

现在，要实现价值交换功能的变革，在区块链基础设施的整体设计原则中，区块链的公证功能不仅仅只是一项服务，更应当是不断发展的区块链基础设施的一部分。鉴证服务应当成为区块链协议的一部分，比如，它能够有效地处理大批量交易而非仅仅是单独处理一个交易。区块由许多数字公证资产的哈希值构成，同时该区块也被哈希运算。嵌入区块链的单元，通过优化的分层和去中心的组合架构将使得整个系统的运作更为有效。公证通公司正在把该想法不断地延伸，使用区块链认证哈希功能来批量处理交易，提升区块链运作的效率，同时避免产生区块链过快膨胀的问题。

在实际操作中，公证通对业务环节确认后，可以根据不同业务种类的需求，由用户灵活定义写入内容的格式，通过制定的共识规则，保证业务流程有序、完备地执行。例如，通过把签名、担保、法律保护以及信用证支付结合在一起的处理方式，使一环扣一环的业务数据进入到公证通的数据发布层并加以保存。公证通在供应链管理、物流、金融、医疗等领域，依靠区块链技术的可靠执行，建立起新的信任模式。

公证通会把发布层的数据注入区块链账本。目前最大的区块链账本仍然是比特币区块链，有百万级的用户。公证通发布层作为一个共识机制，前景巨大，使用的用户数量越多，安全性就越有保证，所体现的价值也就越大。或许有人会问，如果公证通发布层出了问题怎么办？为防止公证通公司自身作恶和出于更多冗余的考虑，公证通通过将数据注入到更多的区块链账本上来解决数据永久性的问题。作为一个数据发布层，公证通可以与任意底层的区块链账本建立联系，协助把数据指纹注入到底层区块链账本上，通过多重冗余来确保数据的永久性。

我们说，对商业趋势的识别不能从对技术革新趋势的推测中单独割裂出来。虽然虚拟的公证服务看起来挺容易，对于某些资产的登记、注册等应用来说，具有简单可靠、低成本、永久性，并可以追溯等特点，然而，由于传统的原因，人们更愿意相信权威机构或人士，以知识产权的注册，文件合约的履行为例，人们可能更愿意与律师互动来处理该类事物。因此，从中可以看到，建立在算法技术上的应用虽能节省成本，提高效率，但是在该技术趋于成熟的过程中，很有可能会面临较大的挑战，被社会接受的历程也会是分阶段的。区块链革新虽是一个巨大的市场，但也需要更多的资源介入，并共同发展和维护其生态圈。

4.2.2 改善数据确权

在信息时代里，数据已经悄然渗透至每一个行业，成为重要的生产要素。对于大数据的掌握和运用，对国运兴衰、企业成败将扮演着越来越重要的角色。随着物联网技术的普及，将有更多数据被采集、被记录。在数据时代，可以预见不久的将来，无论产品定价的高低，它都有可能基于大数据进行精准地销售，这个趋势已经在零售行业显现效果。对数据的有效运用，正成为这个时代的大势所趋。

大数据在生活中的运用案例更是屡见不鲜。例如，百度公司利用大数据成功地预测了2014年巴西世界杯德国队将获得冠军。百度公司甚至预测了该届世界杯的淘汰赛，达到了93.7%的准确率[61]。随着电子商务在中国的兴起，越来越多的消费者在购物网站的消费记录、浏览信息，包括停留时间，皆将形成购物网站要收集和处理的数据，以实现他们的精准营销，迅速帮助消费者找到匹配的商品。

然而，目前在大数据应用中存在的一个较大问题是，数据的使用者和数据的拥有者存在不匹配的现象。换句话说，最需要数据的企业往往不拥有所需要的数据，然而那些拥有数据的企业却可能没有能力去解读这些数据。这意味着，当数据安全性无法保障，数据价值无法衡量的情况下，数据的交换存在一定的障碍。对于中小型企业而言，该类问题则更为突出。对于这类企业，他们只能借助于有数据收集或处理能力的政府、社交网络和其他第三方平台所提供的数据或工具，进行商业应用。

这就产生了一定的矛盾：数据拥有者与使用者被隔离开来。然而，个人数据也是个人财富的一部分，对于每个消费者，留存在互联网和现实世界的各种行为所产生的数据都具有各自的商业价值。换句话说，这些个人数据具有个人财富属性。但是，由于这些消费者个人数据都长期分散存放在不同商业机构的平台或系统中，相对于这些机构，任何消费者都没有能力将这些属于自己的数据汇聚在一起，进行自我管理和优化，实现其商业价值。相反，这些商业价值都被通讯机构、商业平台和系统用于支撑他们各自的商业模式和运作，这种行为实际上是在无偿使用消费者个人的数据价值。

公证通提供的区块链技术有助于改善数据确权等问题。数据资产证明可以通过区块链上的哈希和时间戳功能予以实现。所谓哈希就是，针对任何数字内容所运行的算法，将其运行结果根据内容压缩而成的一串由数字、字母组成的字符串，根据该字符串将不能重新反向推出原来的内容。公证通的批量公证作为区块链提供的验证服务的一种方案，将是设想的区块链验证服务的第一步。通过与商业伙伴的合作，一起将散落在数字世界和现实世界中的各种数据和数据行为转换为数据资产，这样数据资产的拥有者便可以兑现自己的数据红利，最终实现自己的数据价值。

物联网不仅是当下的又一热词，也是行将而来的大趋势。顾名思义，物联网连接的不仅是人与人，同样也是人与物，物与物。它的核心和基础是互联网，目标是建立一个所有设备和人都相互连接，彼此间能够快速地分享数据和信息的世界。比如，工厂能够自动化分配生产线，分配闲余资源，从而提高生产效率；冰箱可以根据住户的饮食情况自动购买食物，帮助他们补充营养需求；等等。可以预见，不久的将来，在人们的日常生活里，电子设备、智能应用构成的物联网将成为一切事物的网络。人们或许已经意识到，传统的物联网模式是由一个中心化的数据中心来收集已连接设备的信息。在这种系统中，由于依赖于一个中央机构来管理所有的设备和各个节点的身份，虽然信任机制比较容易建立，但是也大大增加了该网络的维护成本，而且对于潜在数量将达到百亿级的联网设备而言，这无疑很难做到。区块链技术提供了一个可以解决的方案。通过创建一个分布式的网络，提供无需信任的单个节点，使用创建共识网络的方法，来保证网络中的设备能够彼此通信和自知。区块链技术将有助于实现物联网模式，并极大程度地减少管理成本。

中国政府在不久前就已提出了建设智能城市的概念。随着城市的迅速发展，建设现代化智能设施以适应城市的快速增长已经成为城市发展不可逆转的历史潮流。通过运用信息和通信技术手段感测、分析、整合城市运行核心系统的各项关键信息，从而对包括民生、环保、公共安全、城市服务、工商业活动在内的各种需求做出智能响应。智能城市的实质就是物物相连、人物相连的模式，利用先进的信息技术，实现城市智慧式管理和运行，进而为城市中的人创造更美好的生活，促进城市的和谐和可持续发展。从世界其他国家的发展来看，运用区块链技术的信息系统将有助于智慧城市设施的安全建设，提高建设过程的透明度，在明确主体责任的同时节省成本。

公证通公司与国内一家创新型技术服务提供商展开了合作，就共同推进区块链技术和智慧城市的融合达成了战略合作协议。公证通的产品将作为智慧城市解决方案的一部分，在国内数个地区推广使用，并将技术融入到金融服务、智慧城市大数据服务中，为城市发展注入更多的、新的驱动力量。互联网技术作为数字时代的产物，可以说互联网已经成为了现今世界的基础架构，为软件定义一切铺设的物理基层。如今有20亿人正在使用宽带，要知道这一数字在十年之前仅仅是5千万。可以预见，在未来的10年里，将至少有50亿人使用智能手机，它将保证用户每时每刻都能接入到网络。在2013年9月，思科公司就预测，到2020年将有750亿台设备连接到网络，到那时世界人口将是80亿，也就意味着每个人平均连接着9.4台设备。软件技术的发展，程序的开源化，以及互联网为基础的服务，这些都意味着企业无需投资新基础设施、培训新的员工，就可以享用这些新技术带来的好处。这对于创办一个软件公司来说将是天赐良机，甚至创办一个全球范围的软件公司都将变得相对容易。公证通的成立和发展正得益于较低的设立成本，以及处于蓬勃发展的在线服务软件市场。

所谓的软件定义一切是指，专用硬件正在被转化为提供服务的专用软件和资源所替代。传统的信息架构和应用，例如计算、存储和安全，在今后将基于需求而精准提供，并且是自动、实时的，更灵活和更有效。在软件定义一切的新纪元中，云计算、大数据和物联网的发展将大大加速。

回归商业价值的本质，感情因素是选择何种产品的一部分。试想是什么让你决定购买一个物品。通常来讲，人们想要买新产品是希望事物更简单，降低成本，帮助他们实现更好的运营结果。然而除了这以外，还要考虑更多的因素，如为何用户要购买我们的产品，我们提供了什么核心价值，我们解决了什么困难。在互联网的新纪元，绝对不能低估口碑的影响力。

公证通作为一家创业公司，希望借助于平台，让广大的企业级用户体验到简易的、廉价的数字货币背后的加密技术。公证通已与微软Azure和万向云合作，部署公证通服务的应用程序接口，并将致力于简化档案记录、业务流程记录及解决安全和合规问题。

互联网金融得益于互联网技术的发展，如今在中国这已是家喻户晓。作为互联网与金融的融合体，互联网金融自出现以来，就一直面临着信息安全、信息透明等问题。出于对投资者的保护，不管是监管层还是行业协会，都高度重视，并出台了相关的政策制度来促进行业的健康、规范化发展。

区块链是数字货币的底层技术，像一个数据库总账本，记载所有的交易记录。近些年这项技术因其安全、便捷的特性逐渐得到了银行与金融业的关注。作为一体化的系统，身份识别、资产登记、交易交换、支付结算都能一账打通，预计它可以运用到智能合约、证券交易、电子商务、股权众筹等广泛的领域。它同样是互联网金融的底层技术架构，是去中心化的点对点的组织结构，站在区块链上遥想互联网金融的未来，可以说，只有它的成熟，才能带来互联网金融的成熟。

公证通公司与国内一家提供互联网金融方案的公司达成了合作意向，也正是结合了上述行业现状与政策的综合产物。通过公证通提供的区块链技术，该公司能逐渐取代对中心化服务器的依赖性，所有用户的所有数据变更和交易项目都将记录在云系统上，并且公开可见。用算法提供的金融服务在被社会接受的过程中将是分阶段的。但可以预计，有朝一日它必将融入世界，化为无形。相信区块链技术的成功应用，将对互联网金融行业产生不可估量的积极意义。

④.③

比 特 股

4.3.1　比特股的共识机制

比特股[62]（Bitshares）的最初想法可以追溯到2010年8月Bitcointalk上的一篇帖子，那篇帖子本来是Gavin Anderson和中本聪在讨论比特币脚本的问题。在8楼，一个叫Bytemaster的用户跟帖说，他看到脚本提供了可扩展性，可以使用户发行自定义资产。而且，他看起来很激动，表示很想知道实现这一功能是需要突破性的改动，还是只需要简单"升级"一下网络。Gavin Anderson随后回复说，他认为发行自定义资产不需要脚本，只需要把比特币发给自己，然后声明这个交易是这个资产的根交易就可以了①。当然，这需要定制的客户端来识别这种资产，这种方法被称为"给比特币染色"，这可能是"彩色币"概念的第一次提出。Bytemaster就是后来的以"BM"称谓传世的比特股的创始人Daniel Larimer。

Daniel Larimer显然对彩色币的方案并不太满意，他在设想用区块链实现更强大的金融功能，在反思比特币的基础上，他逐渐形成了自己的想法，其核心的诉求有三点：一是用一种更节省资源的网络维护机制来取代比特币那样的挖矿机制；二是寻求提供一种价值稳定的区块链货币；三是提供

---

① 　https://bitcointalk.org/index.php?topic=195.5;imode。

一个自由开放的去中心化金融市场。这三个诉求后来转变成为比特股贡献给区块链行业的三个主要成果——DPoS共识机制、智能货币以及去中心化交易所。

2013年8月，比特股白皮书发布。比特股的概念受到社区，尤其是中国社区的热烈追捧。这之后，比特股开始了开发和募资，经历了最开始的PTS挖矿到后来的AGS筹资，再到多币种ICO，融资的方案发生过许多变化。在后续的开发过程中，产品方案也在不断的争论中经历了重大改变。在此期间开发资金的使用情况以及Daniel Larimer决策的反复无常也经常受到质疑。撇开这些不谈，有一点是公认的，那就是2015年10月份发布的比特股2.0的确是一个相当有竞争力的区块链产品，它的设计和最终实现在许多方面都堪称卓越。

每一个区块链都需要一种机制来达成共识。比特币采用了PoW（工作量证明）的方式来决定由哪个节点产生区块，这一方式最受人批评的地方就是浪费资源。为了改进这一状况，后来人们提出了PoS（权益证明）的替代方案。最早实践这一方案的是点点币（PPC），点点币是构建在"证明区块"上的，其中矿工必须满足的目标与货币的销毁天数（coin-days-destroyed）负相关。拥有点点币的人必须选择成为一个股权证明矿工，并且承诺将他们的一部分货币锁定一段时间来保障网络安全。点点币的创造者认为到这种形式的权益证明还不足以保障安全，所以他们依靠一个权益证明和工作量证明的混合系统来保障网络安全。

NXT采用了更纯粹的权益证明机制，NXT的透明挖矿算法与比特币的工作量证明非常类似，唯一的不同是节点产生区块的概率与其所拥有的股权正相关，而非比特币那样与节点所拥有的算力比例正相关。PPC和NXT的PoS机制都做到了节能，但它们共同的问题是容易形成出块权力的中心化，而且类似比特币挖矿那样的彩票系统使得出块的速度做不到太快。

Ripple系统采取了另外一种共识机制。与其他体系一样，Ripple建立了一个交易总账以及签署该总账的不同节点，通过使用一套偏向于彼此达成一致的投票系统，节点间能够就以什么样的顺序将新交易加入达成一致。这些节点不需要防范伪造交易记录，因为它们总是保持同步，而当其重新连接进网络的时候，只要简单地相信多数方就可以了。但Ripple的问题是其加入唯一节点列表（UNL）需要被邀请，而且出块的节点也得不到奖励，这使得Ripple的区块链最终以私链或者联盟链的形式存在。

DPoS的设计受到了以上这几个系统的启发。DPoS没有采用彩票系统决定出块权，而是让持股人用投票的方式选举出见证人（Witness），这些见证人将按一定的规则轮流出块。出块的节点会获得奖励，但交易费并不归产生区块的节点所有，而是被收纳到系统的资金池，作为系统开发的部分资金来源。在DPoS机制下，股东们可以选举出任意数量的见证人来产生区块，每一个账户都有选举权，其权重是正比于股份数量的，得票最多的N位见证人被选中，N的确定原则是有超过一半的票数认为N对于去中心化是足够的。见证人按一定的规则轮流产生区块，成功产生区块时，他们会获得奖励；如果在轮值时间内无法产生出区块，就由下一个见证人来产生下一个区块，而未能完成任务的见证人不会获得奖励，并且有可能因为表现差而在将来落选。在确保安全的基础上，DPoS做到了节能、快速确认以及有效防止中心化，是一个相当出色的区块链共识机制。

4.3.2　智能货币

自从比特币出现以来，人们就一直希望能够有一种既能通过区块链传输，价值又相对稳定的数字货币。实现这一需求的方法主要有两种，一种是某个机构通过为自己在区块链上发行的资产进行背书和承兑的方式来实现，典型的如Tether在比特币的区块链上基于OMNI协议发行的美元等价货币USDT，这一货币已经被好几家交易所接受，成为交易的基础货币之一。

另一种就是比特股所创造的用抵押来实现锚定的方式。锚定指的是比特资产和真实世界中对应的资产在价值上如何保持相等或相近的一种机制。比特股通过提高预测市场的准确度和效率来创建一套全新的加密资产从而锚定如美金、黄金、石油或者任何其他的法定货币。这些加密资产被称之为比特资产（如比特美金、比特黄金、比特石油等）。比特美金跟踪的是真实美金相对于比特股的价值。这种跟踪机制是通过交易行为来确立的，市场上的交易者都预期着比特美金锚定真实美金，这种预期会使得他们的交易增强预期的效果。

那么，比特股的抵押锚定是如何实现的呢？比特股系统另有两个针对智能资产的参数，一个叫做维持保证金比例（Maintenance Collateral Ratio, MCR），另一个叫做强制平仓比例上限（Maximum Short Squeeze Ratio, MSSR）。这两个参数和喂价一起，都是由见证人维护的。假设对于CNY来说，MCR=175%，MSSR=110%，喂价=0.0236bitCNY/BTS，喂价是由见证人运行程序搜集各交易所的BTS价格发布之后，取其中位数形成的。如果目前的喂价是0.0236CNY/BTS，用户想要以2倍保证金比例借入10万CNY，那么需要抵押的BTS数量为$100000 \times 2/0.0236 = 8474576$ BTS，强制平仓价=喂价/MSSR，用户的强平触发价=喂价×MCR/保证金比例。当价格跌到用户的强平触发价后，就会触发强制平仓，而强制平仓价提供了一个价格墙，是被强制平仓的抵押品被强制卖出的最低价格。根据上述假设，如果BTS市场价格下跌导致喂价跌至0.02065CNY，仓位就会被强制平仓，抵押的BTS被强制卖出。

为了使智能资产和锚定对象更好地锚定，比特股2.0中还设置了强制清算的功能。强制清算功能是指，某一智能资产的持有者可以随时发起清算，清算执行时会将与此智能资产对应的抵押率最低的那部分空头仓位平仓，强制清算发起者按照清算价格获得抵押物BTS。在智能资产的参数中，有几个是与强制清算相关的，它们分别是：强制清算延迟（发起清算到清算被执行的延迟时间）、强制清算补偿（强制清算发起方向，被强制清算方进行的价格补偿）、最大强制清算比例（每小时能够进行的清算量占该智能资产总供应量的比例）。

喂价、抵押及强制平仓规则和强制清算规则一起，使得锚定成为可能，也为智能货币作为一种区块链上存在的、不依赖于任何机构背书的、价值稳定的货币的应用准备好了条件。

4.3.3　去中心化的交易所

区块链不但可以使支付系统去中心化，也同样可以使交易所去中心化。为了让去中心化交易所的处理能力达到工业级水准，比特股开发团队从LMAX交易平台借鉴了许多经验。例如，把所有的处理过程放在内存，把密码学操作与核心业务逻辑分离并把核心业务逻辑放在单独的线程进行处理等等。最终的结果是比特股2.0达到了100K TPS的设计交易处理能力（在有足够带宽和存储的前提下）。在实时测试中，比特股2.0轻松达到了2K TPS的交易处理能力。在比特股2.0发布之后，经过一段时间的适应，社区发现了比特股去中心化交易所（以下简称DEX）的巨大潜力，一些小型的交易所已经把业务完全搬上了DEX。我们可以把DEX看成是一个建立在区块链上的"交易所云"，这朵"交易所云"提供公共的去中心化的交易撮合服务。对于完整的交易服务来说，还需要网关/资产发行人来在DEX中发行资产并提供与链外真实资产的对接，其主要的任务是维护好钱包的安全，做好充值、提现服务。这个角色依然是基于信任的。

相比于传统交易所，DEX是一种"部分去信任"的交易所，这里的下单交易撮合是由区块链节点处理的，因此不需要担心宕机，也不需要担心各种暗箱操作。当然，用户还必须信任资产发行人会对其发行的资产负责。对某些特定的交易对，例如bitCNY/bitUSD这样的智能资产之间的交易对，用户不再需要信任何第三方，这是一种完全的去中心化交易。

去中心化交易所有什么样的潜力呢？坦率地讲，目前的DEX在运营方面还处在初级阶段，交易量等各种指标还无法与大的、中心化的数字资产交易所相比，但是，DEX存在着一些非常有吸引力的方面，它使得交易这件事情变得简单了。按传统的方式，如果要提供某种数字资产的交易条件，一家交易所需要花费不小的成本去开发交易软件，维护网站。而现在，一家公司如果想提供类似的交易条件，只需要作为DEX的网关/资产发行人来做好钱包的维护工作，并对自己发行的资产背书并承兑就可以了。交易撮合的事情由区块链处理，而且公司发行的资产可以和链上的其他资产自由交易。相信会有越来越多的商家不再选择自己开交易所，而选择做DEX网关。这种结构会吸引来更多的投资者和套利者，也许会引发一场交易形式的革命。

现在，诸多的传统交易所在寻求用区块链的方式来革新他们的交易系统。毫不夸张地说，由于比特股2.0在区块链设计和交易性能方面的卓越表现，"分叉比特股2.0做私链/联盟链"常常是这些传统交易所在使用区块链技术方案方面的第一考虑，已经有不少采用"分叉比特股2.0"的项目在启动。

当初，比特股被设计成了一个去中心化自治公司（Decentralized Autonomous Company，DAC）。在这个公司中，所有的BTS持有者都是股东，而所有的见证人（witness）被视为雇员。雇员为公司提供服务并且领取工资。理事会（committee）是比特股中由股东选举产生的重要机构，其职责是维护各种网络参数，理事会拥有一个多重签名的账户，签名的权重按得票比例分配给每个理事会成员，这个账户被称为创世账户。理事会拥有更改如交易费率，区块大小，区块产生间隔，见证人奖励等网络参数的特权。对理事会的提案需要在两周内进行表决，理事们将在这段时间对提案进行投票，而股东们也可以通过改变对理事们的投票来影响表决结果。到期之后，根据表决结果提案将会被自动执行。创世账户可以进行普通账户能够进行的任何操作，这意味着在需要的时候可以发送资产给创世账户，或者把创世账户作为一个中介代理，创世账户还可以发行资产。例如，其实"私有智能货币"和"公有智能货币"从技术上来讲并无区别,只是后者是由创世账户定义并维护的,而前者是由普通账户定义并维护的。作为理事会成员的多重签名账户,创世账户定义的智能资产显然有更靠的可信度。网络经常需要升级以增加新的功能,这样的功能增加是通过对"预算项目"投票的方式来管理的。任何一位社区成员都可以针对某一具体的功能增加提出方案,包括技术方案与预算,如果能够通过股东投票,那么发起者就可以开始工作,在任务顺利完成后可拿到预算资金。

比特股这样的DAC能真正地高效运行还面临着许多挑战。从目前的情况看,见证人处理交易产生区块没有什么问题,理事会对各项网络参数的管理也很有效,真正有挑战的是预算项目这一部分。评估一个项目是否应该进行,这需要有专业知识,需要花费时间和精力。让为数众多的股东直接投票决定项目是否进行是一种有疑问的方法,正如一个公司应该是由董事会而不是股东大会来进行重大商业决策,股东的权力通过选举董事而不是投票决定公司的每一个项目来体现一样。也许比特股预算项目同样应该通过一种"间接民主"的方式来管理才更合理,更能平衡效率与公平的矛盾。

4.4

瑞波

瑞波[63]（Ripple）是一种新型的区块链技术，专注于解决分布式的支付和清算问题。传统的区块链如典型的比特币网络，具有并发量小，确认时间长等缺陷。瑞波不仅改进了并发操作和执行速度，还支持数字资产的发行和分布式交易。通过把区块链内嵌到一个全球统一的分布式市场，形成一个流动性极高的清算网络，最终达到极大降低支付成本的目的。

4.4.1 对传统区块链的改进

瑞波采用的是新型分布式总账系统。与典型的区块链不同，它采用了瑞波公司自己的共识算法（Ripple Consensus Protocol）。达成共识并不是全体网络的每个节点都要同意，而是由一个信任列表里的节点完成的。只要这个信任列表中的节点大部分表示同意，即可认为账本有效。显然，因为可信任节点的数量的减少，达成共识的速度将显著加快。在实际中，达成共识确认的时间需要3～6秒，远远快于比特币网络的10分钟确认时间，并发量也可以达到每秒数万笔这一数量级，远远高于比特币的每秒7笔。

共识节点列表在出错的问题上也有所不同。大部分的区块链技术会随时算出当前的状态。当意见不一致时就会分叉。然后节点会选择最长的链条继续计算下一个块，如图4-1所示。

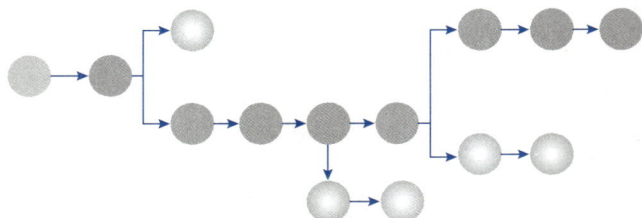

图4-1　传统区块链

而瑞波的信任节点在更新状态之前协商，达成一致之后再更新状态，链条如图4-2所示。

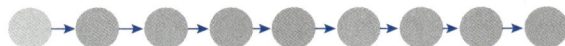

图4-2　瑞波区块链

因此，为了确保交易真正的有效，传统区块链需要延时确认。比如比特币需要6个确认，约1小时之后才认为交易已经可靠；而瑞波只要写入了账本（1个确认），即认为生效。这种无延时的检验方式也极大地方便了应用的开发。

在磁盘的需求方面，由于共识的确认由信任列表完成，所以普通的节点并不需要维护一个完整的历史账本。事实上，节点可以选择同步的账本范围。一个节点既可以选择同步所有的历史账本，也可以选择同步最近的N个账本。用户可以根据自己的业务需求来决定。这样，在大部分情况下，节点无需同步全部的数据，大大节省了磁盘空间和网络流量。

传统的区块链，比如比特币，为了防止伪造，采用了工作量证明算法。也就是俗称的"挖矿"。比特币的"矿机"网络确保了系统安全，但同时也消耗了大量能源。瑞波原生货币为瑞波币（XRP），数量为1000亿个。由于瑞波币无需挖矿，在瑞波网络产生时就已经产生，同时系统安全由受信任的节点列表来保证，从而减少了能耗。

因此，瑞波通过使用新的共识算法，在速度、并发、磁盘空间需求和能耗上都得到了极大的改进。

4.4.2　瑞波货币

传统的区块链只有自身的原生货币，无法生成其他的货币。而瑞波除了自身的原生货币瑞波币（XRP）外，还可以轻松地发行数字资产。

原生货币瑞波币（XRP）的作用之一是充当网络运转的润滑剂。每次交易都会消耗一点瑞波币作为网络费，目前约为0.012 XRP。网络越繁忙，每次所需的网络费就越多，消耗的网络费会永久退出瑞波市场。此外，为了防止黑客生成大量的垃圾账号，每个账号也会冻结部分数量的瑞波币（现在是20瑞波币）。截至2016年3月31日，总量为1000亿个的瑞波币有约650亿个归属于瑞波公司，另有近200亿个归属于创始人团队。

瑞波币在瑞波网络中还充当了重要的中介货币的角色。例如，两个充满流动性的XRP/CNY和XRP/USD市场，就可以合成为一个USD/CNY的市场。根据瑞波最新的运营策略，瑞波币目前的定位是中小型网关或机构间的中介货币。

除了原生货币之外，用户可以发行自定义的数字资产。只要其他账户添加了对网关账户的信任线（定义了账号对网关的某个货币代码的信用额度），那么网关账户就可以发行对应的货币资产到该账户了。假设用户的账户A和B添加了对网关账号G的代码为CNY，金额为1万的信任。那么G就可以给A和B发行相应的CNY，每个账号最多可发行1万。当发行后，账号A和B会显示相应的金额，网关账号G会显示相应的负债金额。

除了瑞波币，其他的货币都是由网关背书的信用货币。事实上，任何人或机构都可以在上面发行任意的资产。只要定义一个代码，就可以发行一种加密数字代币。这个代码可以代表发行者可以想象到的任何东西。这些发行上的便利，极大地降低了参与成本，从而使得市场上的交易品种可以无限丰富。不胜枚举的自定义资产的场景可以轻易地实现：银行可以发行本国的货币；理财公司发行带收益的产品；超市发行消费积分；明星发行演唱会的门票；个人间的借款也可以在上面发行欠条；此外还有各种众筹的凭证，股权的交易，等等。可以说，在技术上可以低成本地发行任何东西，只需要考虑这一行为是否在当地合法即可。通过分布式交易，这些资产都可以流动起来。

　　网关实际上也是一个普通的账号，只不过是在业务上扮演的角色不同。网关是人们信任的节点，是不同货币和瑞波网络之间的桥梁，资金进出网络的服务提供商，人们通过网关进行充值和提现。目前，瑞波里的网关基本是数字货币交易所和非金融机构的公司或个人所开，国外最大的是Bitstamp网关，国内最大的是瑞狐网关。瑞波公司一直在尝试说服银行和其他金融机构成为网关，开发了很多相应的组件，如报价组件、连接组件，并提供相应的瑞波币用于做市。目前瑞波正在洽谈合作的银行和机构多达30余家。

4.4.3　分布式交易所

　　不同的网关发行了形形色色的资产。瑞波提供了内嵌的交易功能，因此可以方便地用一种资产购买另一种资产，而且撮合算法是公开的，没有黑箱操作的空间。这些形形色色的交易对，就可以形成一张全球性的交易网，如图4-3所示。

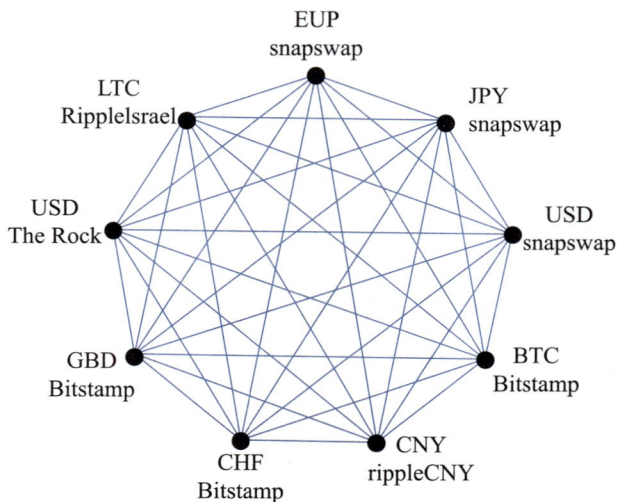

图4-3　分布式交易所

利用这个全球统一的交易网，瑞波使用户可以在发送或兑换某个货币时使用该用户持有的任意货币。这个功能可以使用自带的路径查找功能。例如，小王向小李发送欧元，而他只有人民币，这时，瑞波会自动提交订单从而卖出人民币，并使小李得到欧元。瑞波网络会找到最佳汇率进行交易。交易可能通过以下几个可能的方式发生。

（1）通过报价单。在瑞波报价单发现有EUR/CNY的报价，就会按照这一汇率自动交易。

（2）通过瑞波币作为中介。通过查找XRP/EUR和XRP/CNY的报价，组合两个报价单，最终卖出人民币，得到欧元。

（3）通过转换链。如果两个货币间没有明确的买卖关系。瑞波会从网络中找到可能的转换链，并最终完成交易。比如CNY→USD→BTC→XRP→EUR。

正因为这一强大的多币种交易功能，使得瑞波可以实现任意两种货币的互换。

这个内嵌的分布式交易很安全。无论是整个网络还是单个的账户，都有很强的安全性。分布式的网络不怕单点攻击，单个服务器无法使用不影响整个网络的继续运行。对于账户的攻击，即使某个用户因为大意被盗取了密钥，损失的也只是一个账户。黑客在试图破解一个交易所或者单个用户是存在一个固定成本的。只有收益大于成本，黑客才会攻击。如果黑客花费数百万美元的成本来攻击一个特定的目标，那他肯定期望把这么多的精力放在一个交易所而不是那些个人的账号。

4.4.4　瑞波的合规性

瑞波的总账是透明的。所有账户的持仓和交易历史都是可见的。这点对于加强监管很有帮助。对于用户身份的识别（KYC）在技术层面非常容易实现，只要在网关实行身份认证即可。

此外，资产的发行方可以设置一个信任列表，只有在这个列表里的账户才可以持有并交易该资产。

资产的发行方还具有冻结资产的能力。例如，针对某些从事非法行为的账号，冻结这部分账户中的资产，被冻结的资产将无法交易或转移到其他账号。限制条件是发行者只能冻结自己发行的资产，瑞波币因为是原生货币，没有发行者，所以无法冻结。

4.4.5　降低跨境支付的成本

瑞波提供了一种沟通各个孤立网络的、可靠的、实时结算的工具。跨境支付网络是分散和孤立的，带来了很多非竞争性成本，以及漫长的结算时间和糟糕的客户体验。跨境支付必须靠不同的消息传递协议和结算协议，利用各种代理银行关系进行处理。现在，利用瑞波工具，理论上可以把这样的网络连接起来，在减少风险的同时提高金融结算的效率，最终降低总的结算费用。瑞波的基础架构是专门设计用于金融机构的，能够有效适应现有的风险，并方便达到合规性和信息安全性。

在国际支付服务中，银行等机构负担了庞大基础设施成本，如表4-1所示。

表4-1　国际支付服务的成本构成

国际支付服务的成本构成	占　比
外汇成本	10.0%
货币对冲成本	12.0%
财务运营成本	27.0%
流动性成本	23.0%
支付运营成本	21.0%
巴塞尔协议Ⅲ（LCR）成本	7.0%

- 外汇成本：在货币市场中，因为某一组货币的买卖报价价差而产生的成本。

- 货币对冲成本：世界各地的国外同业账户中用于一篮子货币避险所

造成的成本。

- 账务运营成本：为了维持账户最低额度、管理各种货币、跨账户交易所需要支付的经常性支出，以及偶尔需要在地方或国际间账户再平衡现金所需要的支出。
- 流动性成本：资本的"空运"成本，因为涉及到国际汇款的处理（通常需花费两天）以及将资金汇到当地的国外同业账户所需的时间（通常是一天，但取决于当地的支付方式）。
- 支付运营成本：人工处理交易例外及偶发状况所需要的人事成本，以及使用地方支付方式的成本。
- 巴塞尔协议Ⅲ（LCR）成本：放款机构在资金空运期间因为持有低获利、高质量流动性资产（应未定案的巴塞尔协议Ⅲ规定要求），而不是提供信贷，所承担的机会成本。

在全球统一的交易市场通过使用瑞波技术，可以将交易时间极大地缩短，理论上可以减少33%的成本，即约国际交易总量的6.8个基点，这表现在以下几方面。

- 流动性。跨境交易所需的资本"空运"时间（两天）将会消失，但当地的国外同业账户的汇款处理时间（一天）依然存在。
- 支付运营。瑞波可以显著地减少为了处理交易相关例外和错误而需要的人员开支，省去48%的支付运营成本。交易例外及错误也将极大地减少。
- 巴塞尔协议Ⅲ（LCR）。当跨境交易再也不会出现资本的空运期间，相关的巴塞尔协议Ⅲ支出将会减少99%。

4.4.6 瑞波的运用

瑞波经过多年的运行，在目前的公网总账上（RCL）积累了丰富的经验和数据，已经达到了可以稳定使用的程度。目前，已经有多家银行和支付机构采用了瑞波技术。值得注意的是，许多使用者都是先采用私有网络，然后再通过组件与公有的总账相连，从而实现了隐密性与技术的组合。例如，澳大利亚联邦银行CWB就用瑞波来进行分行间的结算；老牌金融公司Earthport（为美国银行、汇丰银行等银行机构提供服务，也帮助来自65个国家的公司提供支付支持服务）也采用瑞波作为新的支付系统。

瑞波的系统布署起来快速方便，只要布署5个以上的节点就可以形成一个有效的分布式清算系统，后续的开发只要以连接组件为重点即可。事实上，这也正是瑞波公司的技术方向之一。图4-4所示为瑞波公司推出的Ripple Connect组件示意图。事实上，Ripple Connect组件可以使用公网总账RCL网络，也可以使用私有总账网络，以得到更高的可控性和安全性。

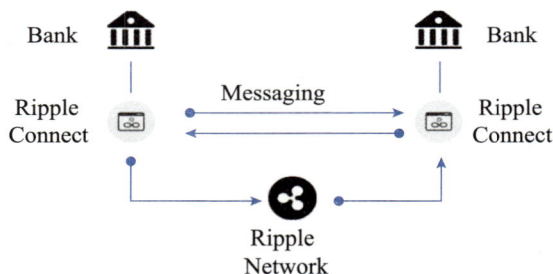

图4-4　Ripple Connect组件示意图

4.5 Hyperledger

超级账本[64]（Hyperledger）是Linux基金会管理下的合作项目，目标是建立面向多种应用场景的分布式账本平台的底层构架。该项目的运作基于以下几个基本原则。

（1）模块化应对多种使用场景。例如交易语义、合约语言、共识机制、身份标识和数据存储。

（2）高度可用的代码。致力于开发非常便于构建和部署的分布式账本技术。

（3）随着对需求的深入理解和新的使用场景，项目能够不断进化。虽然项目的目标是开发单一的技术平台，但是也期望从多种技术路线中获益。

4.5.1 Fabric简介

Fabric是目前处于孵化器状态的项目，是由Tamas Blummer和Christopher Ferris在合并了DAH和IBM建议方案的基础上创建的。Fabric是数字事件（交易）的账本，这个账本由多个参与者共享，每个参与者都在系统中拥有权益。账本只有在所有参与者达成共识的情况下才能够更新，并且信息一旦记录就永远不能修改。每个记录的事件都可以基于参与者的共识证明使用密码进行验证。

交易是安全、私有和保密的。每个参与者使用身份证明向网络成员服务（Membership Service）注册以获取系统的访问权限。参与者使用不可追踪的导出证书生成交易，可以在网络中完全匿名。交易的内容使用由密钥导出的复杂函数进行加密，确保只有指定的参与者才能够看到内容，以保护商业交易的机密性。

账本的全部或者部分可以审计以满足监管要求。在参与者合作的情况下，审计人员可以获取有限时间的证书来查看账本和交易详情，从而对运营情况进行准确的评估。

Fabric是采用区块链技术实现的，比特币可以作为一种简单的应用在Fabric基础上构建。Fabric采用了模块化的构架，允许不同的组件在实现协议的基础上即插即用。可以使用强大的容器技术来运行主流编程语言以进行智能合约的开发。使用熟悉的和已验证的技术是Fabric构架的宗旨。

早期的区块链技术能够实现一些功能，但是缺乏对特定行业需求的完整支持。为了满足现代市场的要求，Fabric面向行业需求进行设计，以适应多种行业特定的应用场景，并且在诸如伸缩性设计等方面比这个领域的先驱更进一步。Fabric使用了新的方法实现了授权网络、在多个区块链网络上的私有性和保密性。

4.5.2　Fabric构架

Fabric的构架由成员服务（Membership Services）、区块链服务（Blockchain Services）和链码服务（Chaincode Services）三个主要类别构成，如图4-5所示。这些类别仅仅是Fabric的逻辑结构，而不是在物理上将组件划分成不同的进程、地址空间或者虚拟机。

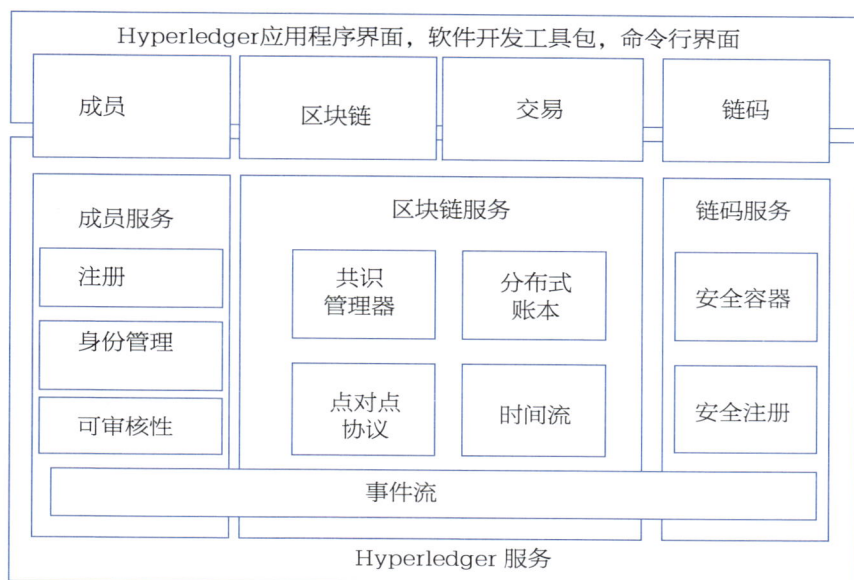

图4-5　Fabric构架

成员服务负责管理用户标识、隐私，以及网络的保密性和可审计性。在无权限的区块链中，参与者不需要授权，并且所有节点可以平等地提交交易或者将交易累积成区块，也就是说没有角色的区别。成员服务将公钥基础设施（PKI）和去中心化共识机制的基本元素进行整合，从而将无权限区块链转化为有权限区块链。在有权限区块链中，参与者需要注册以获取长期身份凭据（登记证书），并且可以根据身份类型进行区分。对于用户，交易证书管理者（TCA）可以发行假名凭据。这种凭据（即交易证书）被用来进行授权提交的交易。交易证书在区块链上保存，并且允许授权的审计者对交易进行归类，否则这些交易将无法关联。

区块链服务通过使用基于HTTP 2的P2P协议来管理分布式账本。区块链上的数据结构经过了高度优化以提供最有效的哈希算法来保存世界状态（world state）的副本。在部署中可以使用和配置不同的共识算法，包括PBFT、Raft、PoW和PoS等。

链码服务为链码（Chaincode）在验证节点上的执行提供了一个安全和

轻量级的沙盒。沙盒环境是一个锁定和安全容器，带有一组经过签名的基础磁盘映像，包含了安全操作系统和支持Go、Java和Node.js的链码语言、运行时和SDK，其他语言可以根据需要被启用。

验证节点和链码可以在区块链网络上发送事件，应用程序可以监听这些事件并作出响应。已经存在一组预先定义好的事件，并且链码也可以生成自定义的事件。事件可以被一个或者多个事件适配器处理，适配器可以使用WebHook或者Kafka进一步将事件进行传递。

Fabric的主要编程接口是REST API，以及基于Swagger 2.0接口的变体。这些API可以让应用程序注册用户、查询区块链以及发送交易。其中有一组给链码专门设计的API，用来与底层平台交互，以执行交易和查询交易结果。

CLI包括REST API的一组子集来帮助开发者快速测试链码和查询交易状态。CLI由Go语言实现，并且支持多种操作系统。

4.5.3 拓扑结构

Fabric的部署可以包括成员服务、多个验证节点（Peer）和非验证节点，以及一个或者多个应用。所有这些组件构成了一个区块链。在网络中可以存在多个区块链，每个区块链都可以有自己的运行参数和安全需求。

从功能上讲，非验证节点是验证节点的子集，也就是说每个非验证节点上的功能也可以在验证节点上实现，因此最简单的区块链网络可以仅由一个验证节点构成。这种配置最适合作为开发环境。单个验证节点可以在"编辑—编译—调试"的周期中快速启动。单个验证节点不需要共识机制，因此默认的共识机制插件为Noops。在这种情况下，交易是立即执行的，这样开发者可以在开发过程中得到立即反馈。

用于生产环境或者测试环境的区块链网络一般由多个验证节点和非验证节点构成。非验证节点可以承担一部分从验证节点剥离的工作量，比如处理

API请求和处理事件。

所有验证节点构成了一个全连接的网络，即每个验证节点都与其他的验证节点连接。非验证节点连接到邻近的、允许连接的验证节点。非验证节点是可选的，因为应用程序可以直接与验证节点进行通信。

4.5.4　超级账本的协议

Fabric的点对点通信是基于gRPC构建的，实现了基于流的双向消息通信。gRPC使用了谷歌公司的Protocol Buffer对数据结构进行串行化以实现节点之间的数据传输。Protocol Buffer是一种语言中立、平台中立，并且可扩展的数据结构串行化技术。数据结构、消息和服务都是用proto3语言描述的。

节点之间传输的消息是由Message这个proto结构封装的，有四种不同的类型：发现（Discovery）、交易（Transaction）、同步（Synchronization）和共识（Consensus）。每种类型都可以在其内嵌的payload字段中定义更多的子类型。

账本（Ledger）由区块链和世界状态（World state）这两个部分组成。区块链是一组链接起来的区块，用来在账本中记录交易。世界状态是键值数据库，在链码执行过程中用来存储状态。

区块链被定义为一组连接在一起的区块，因为每个区块都包含链中前一个区块的哈希值。区块中另外两个重要的信息是交易列表和区块中所有交易执行完成后的世界状态的哈希值。节点中的世界状态是所有已部署的链码的状态集合，实际上是键值对{chaincodeID，ckey}的集合。

第5章

走向未来之路

5.1

链遍江湖，链链不同

　　主导私有链取代公有链这一进程的主要是金融界。区块链技术极其复杂，也极富争议性，包括被德勤认为最具颠覆性意义的区块链支付应用，也被认为可能会威胁银行的地位。因此德勤提出，各银行间应加强合作，共同应对这个挑战，转向区块链技术尚未深入的领域。比如第一个区块链金融财团联盟R3 CEV，现在已有数十家金融巨头加入，该联盟紧密合作，正积极地推动区块链在银行界内的运用。R3 CEV正在着手为区块链技术在银行业中的使用创建区块链代码，制定行业标准和协议，并称将在一年内启动其区块链项目，银行可以通过使用这种通用共享账本技术，大幅减少协调成本。

　　2016年2月初，央行行长周小川接受《财新周刊》专访时，也对区块链表明了理性务实的开放态度。将区块链技术从比特币中分离出来后，金融界人士迫切地希望能将其运用到自身环境中，而对比特币界所期待的去中心化、自由货币的乌托邦并不在乎。全国人大常委、财经委副主任吴晓灵，就在中国互联网金融协会举办的首次培训会上表示，央行提到的数字货币和现在基于区块链的数字货币不完全一样，后者是无中心的，而央行的是有中心的，"尽管用的是同样的信息技术，但发行、运作的原理不一样，这方面还有很多问题，很多工作需要我们去探讨"。今年年初，英国政府发布了一份名为《分布式账本技术：超越区块链》的报告，提到英国政府计划开发一个为政府管理提供服务的"中心化"的分布式账本系统，而非"去中心化"。这意味着英国政府并未接受区块链技术的去中心化。中国和英国同时在区块链的中心化问题上发声，表明央行、政府、法定货币等方面是不会运用去中心化的区块链的。去中心化与中心化，新旧金融体系之间的博弈，这都是争论缘起的原因。

有一个有趣的现象，国外的比特币从业者、计算机科学家大多反对联盟链和私有链，而金融界人士则支持的人居多。可以说两方都是某种程度上的既得利益者，比特币从业者在比特币，也就是公有链上投注了大量心力，公有链向私有链的转变必然会影响他们的利益；金融界人士也不希望坐视公有链领导的去中心化、去中介化革了银行、交易所等的命，因此提早在区块链技术上布局，希望借此新技术维持金融机构的领导地位。

除去两派人士论战的喧嚣，业界还是存在冷静的声音，呼吁大家理性看待这一问题。其中的代表就是以太坊的创始人Vitalik Buterin和《经济学人》杂志，Vitalik Buterin是以太坊的创始人。自2015年7月以太坊上线以来，迅速崛起，它是基于区块链技术进行智能合约应用开启无限可能性的代表案例。作为另类区块链中的优秀改进，以太坊致力于打造一个提供超强图灵完备脚本语言的优秀底层协议。在该协议的基础上，用户可以创建任意的高级智能合约、众筹协议、货币、投票、公司管理或其他去中心化应用。

尽管年纪轻轻，Vitalik Buterin的观点却十分有前瞻性，他很早就看到了比特币和基于比特币区块链改良的货币在实现多样化功能上的困局，因此希望在底层布局，建立一个用于实现区块链广泛应用的协议。以太坊这一平台的建立，正是他将区块链领域的资源团结整合起来的方法。在2014年的最后一天，他在自己的博文《在孤岛上》这样写道："即便数字货币社区的人们不会全都团结起来站在'比特币'的旗帜下，有一点还是值得争论的，那就是我们需要以某种方式团结在一起，努力建立一个更加统一的生态系统。"

"如果比特币不足以强大到成为一个切实可行的支柱，那我们为什么不建立一个更好的以及更加可升级的分布式系统来替代它，并且在新的系统上重建每一样东西？"

《纽约时报》的文章将以太币看作一种可与比特币匹敌的虚拟货币，但Vitalik Buterin的初衷并不是再造一个比特币，智能合约和对搭建私有链的支持才是以太坊的核心竞争力。2015年8月份，他在博客上也专门写了对公有链和私有链的看法。不同于其他非金融界的区块链圈内人，他没有一棒子把私有链打死，而是很客观地通过分析需求来解释两种区块链存在的意义。

"任何事物从任何角度分析，都是一个成本效益分析。如果用户想要专门用来执行特定功能的特定网络，那么网络将会为此而存在，如果用户想要一个执行通用目的的高效网络，它同样会存在。"

"金融机构对这种系统有着很大的兴趣，这也导致了部分人的激烈反对，他们认为这样的发展，是违背了去中心化的本质，这是那些守旧落伍的中间商们孤注一掷的行为（或者说只是简单地提出了一个非比特币的错误应用）。然而，对那些仅仅是因为想更好的造福人类，或者只是继续寻求为客户提供更优质服务的人们而言，公有区块链和私有区块链有什么实际差别呢？"

他引用David Johnston（去中心化应用基金会常务董事）的比喻来解释这种共存，"区块链就好像程序语言：他们彼此都有自己的特殊属性，并且从程序语言的历史上来看，很少有程序员能够虔诚地遵循唯一一种语言。我们会具体问题具体分析，使用最适合的方法。"具体情况具体分析，因地制宜因势利导，这是Vitalik Buterin的观点。

《经济学人》对区块链的态度也不是非黑即白，2015年10月底，《经济学人》刊登了使区块链技术广为人知的封面文章《区块链，信任的机器》[65]，明确将区块链技术从比特币"不好的名声"中抽离出来，提及了多项区块链在私有链方向的应用。

"这一创新，其承载的延伸意义已经远远超出了加密货币这个范畴。区块链让人们可以在没有一个中央权威机构的情况下，能够互相协作彼此建立起信心。简单地说，它是一台创造信任的机器。"

"区块链是一个貌似平凡的过程，但是有潜力改变人们和企业之间互相协作的方式。比特币狂热分子已被纯粹的自由意志给迷住了，即数字货币能够超越任何央行的这种理想。真正的创新不是数字货币本身，而是铸造出它们的信任机器。"

文章中提到"在一个分布式的系统里面，没有信任的地方，区块链就发挥作用了。"这与Vitalik Buterin不同需求对应不同区块链类型的想法不谋而合，不拘泥于类型，而是专注于适应应用场景。

当然，《经济学人》也不是一边倒地打压公有链（比特币），偏向私有链，在2016年3月份刊登的文章中，就表达了银行界对区块链技术过度狂热的担忧。在技术最终得到应用前，过高的期望会带来失望。即使区块链技术会深刻地改变社会，这项技术也必然需要经过时间的磨炼，需要不断地发展，需要探寻如何和现实世界相结合。现在的区块链技术，有些像早期的互联网时代，现在来谈论Web 2.0或许为时尚早。《经济学人》这篇文章只不过再次发出提醒，人们经常会高估技术在短期内产生的影响，而低估长期可能产生的影响。

公有链和私有链并非是非黑即白的对立关系，关键还是要针对特定的应用场合的需求，选择合适类型的区块链。橘生淮南则为枳，强行推崇、推行单一的区块链体系只能无功而返，因地制宜才能解决问题。

随着区块链技术的快速发展，不排除以后公有链和私有链的界限会变得比较模糊。因为每个节点都可以有较为复杂的读写权限，也许有部分权限的节点会向所有人开放，而部分记账或者核心权限的节点只能向许可的节点开放，那就会不再是纯粹的公有链或者私有链了。

目前国内外对区块链技术都处于初创和研究阶段，尽管有来自监管者的关注和积极讨论，但区块链到底如何应用仍是关切者的共同疑问。若是为区块链而区块链，反而会因为过度设计，丧失了使用新技术的意义。

公有链对于一些全民参与的应用场合，例如医疗、公证、彩票等方面，有它独特的优势。而像投票、民调、去中心化自治公司、组织等方面，则还是需要政治环境发生改变，公众认可程度提高之后才能提上议事日程；同时在搭建公有链时也需要考虑到成本、可控性、实用程度等因素。

实际上，公有链技术实现后能惠及的人群的想法，正是公有链发展最大的障碍。在行业外，区块链技术还不被人们所熟知，人们很难完全将信任票投给这项用来解决信任问题的技术。

不被熟知的公有链的竞争对手是其概念已深入人心的中介们。事实上，像房屋中介、Uber等中介（此处称Uber为中介不太恰当，可以近似地理解为一种目录化的公司），基于互联网的发展，已经对自身进行了全面的改造，减少了费用，提高了方便程度，并且建立了评价机制，足以满足公众的需求，在人们心中树立了良好的口碑。公有链在这些方面就有些无可奈何。所以，公有链在应用上很难立刻撼动中介行业中现有的几座大山，彻底去中介化也很难实现。

同样，公众对完全去中心化并不感兴趣，对他们而言最重要的是便利。

以支付为例，支付宝之类的第三方支付短期内足以满足人们的需求，也许以区块链技术建立的去中心化支付机制有更好的地方，但这不足以使民众大规模地更换支付系统。

就如同互联网上千千万万个节点都是离散的，但最后人们还是需要门户网站、社交平台等中心将彼此相连一样，这样的观念无所谓对或错，只是现阶段还不能接纳完全的去中心化，这需要时代的变迁，社会的发展。现今区块链技术的发展还将会是缓慢渐变的，由内而外的。量变引发质变，当人们逐渐改变了观念，那时就是公有链时机成熟，大放异彩的时代了。

而私有链，由于范围小，可以率先在较小的圈子中进行实验，不需要得到全民的理解和认可，只需要参与者的认同即可。IT界、金融界、企业界中的有识之士意识到区块链技术的颠覆性意义后，便可以立即搭建私有链在行业中的落地应用。这样，更多的应用机会也会促进公有链的发展。

私有链的灵活性也使得它在实际落地的过程中较公有链更有优势。根据不同的应用场合，所需特性的不同，会需要定制化的区块链服务，这样市场中就需要有做BaaS（区块链即服务）的企业来提供个性化部署区块链的解决方案。"区块链即服务"，即把区块链当做一个基础设施，并在上面搭建各种满足普通用户需求的应用。

综上所述，我们认为今后私有链的发展可能会领先公有链一步，会更早解决自身的不足，吸纳公有链的优点，而不同的私有链也会针对不同应用场景，发展出自己的特色，"链遍江湖，链链不同"。

5.2

区块链网络动力学

马克思说过一句名言："蒸汽、电力和自动纺织机甚至是比巴尔贝斯、拉斯拜尔和布朗基诸位公民更危险万分的革命家。"巴尔贝斯、拉斯拜尔和布朗基，这三个人都是19世纪法国著名的革命家。马克思的意思非常明显，生产力的革命是一切生产关系革命的基础。

从蒸汽动力工业革命以来，人类社会生产力的发展进入了新纪元，从线性发展，跃迁到指数级发展，尤其是进入计算机时代以来，重大技术突破层出不穷，技术进步的速度已经远远超过了人类思考技术革命所带来的社会生产关系变化的速度。这一结果导致，我们难以对日新月异的技术进步带来的社会意义，给予准确并且具备前瞻性的战略评价。做出这种评价需要评价者兼备对于技术本身和生产关系的深入理解，这并非易事。不过，如果没有能够对技术进步本身的意义进行总结、抽象和升华，技术的发展必然遭遇严重的瓶颈。任何一场生产力革命，都必须要有相应的社会学和经济学理论基础给予思想指导。这就好像，在马克思的科学社会主义理论诞生之前，欧洲工人阶级进行了多次建立社会主义政体的尝试，但全部失败，最著名的尝试就是巴黎公社运动。究其原因，缺乏成熟理论指导首当其冲。

目前，区块链技术的发展虽然刚刚步入正轨，开始得到主流社会的重视，但是，由于区块链技术前所未有的去中心化和去信任化功能，给产业界带来了巨大震撼，区块链产业革命的概念已经隐约出现。不过，纵观目前全球的区块链团队，不论是创业团队还是公司内部团队，并没有多少企业能够从生产力革命的角度设计区块链企业的发展战略，这除了能力有限以外，主要原因还是在于目前并没有成熟的理论，能够从生产关系重构的角度来阐释区块链技术带来的革命性意义。

作为一种重要的使能技术，区块链的应用场景在于互联网，因此可以从网络动力学的角度，系统阐述区块链技术带来的社会学意义。互联网作为人类有史以来最大规模的复杂系统，其内在规律的研究是近年来一个新兴的交叉学科，网络动力学研究的就是在这个超复杂系统内，几组基本作用力以信息作为传导介质，对人类组织形式和生产关系基于时间积分的动态影响，并且将各种纷繁复杂的社会现象以抽象的数学模型和普适的数学语言进行解释和预测。

全球知名的美国理论社会学家乔纳森·H.特纳在其经典著作《社会宏观动力学》中指出，有几组最基本的作用力决定了人类社会的组织形式，各种社会现象都是这些基本作用力互相作用的结果。这些基本作用力包括：人口规模和增长率；生产水平；生产资料和生产成果的分配总量和速率；权力的中心化程度。

除了人口规模和增长率，区块链技术影响了四大社会基本作用力中的一项，彻底改变了另外两项。区块链技术通过其强制信任和点对点互动功能，彻底改变了权力集中和运作的方式，也改变了生产资料和生产成果的分配方式，并且通过对二者的颠覆，又大幅度提高了生产力水平。区块链技术具备大幅度改变世界的能力，可以同电力、互联网等技术革命相提并论。

从网络动力学角度来理解区块链技术的革命性意义，可以将区块链技术颠覆生产关系的过程阐释为"解构"和"建构"的过程。

1 解构

物理第一性原理的社会学运用。大部分人听说"物理第一性原理"还是因为Elon Musk创造性地将其作为思维方式用于电动汽车和储能的商业战略。虽然Musk对于"物理第一性原理"的理解并不恰当，但瑕不掩瑜。"物理第一性原理"作为量子力学的一种求解工具，的确在我们经济生活中有着非同凡响的意义。"物理第一性原理"原来是指，根据原子核中的质子和外围电子的互相作用的基本运动规律，运用量子力学原理，从具体要求出发，直接求解各种微观物理现象的算法。之所以称之为"第一性原理"，主要是因为进行物理第一性计算的时候，除了使用电子质量、质子质量以及恒定不变的终极常数——光速，不使用其他任何的经验参数。通过"物理第一性原理"算法，我们不仅可以解构所有的微观物理现象，甚至只要有足够的算力，还可以解构和解释所有的宏观物理现象，比如地震、爆炸、闪电，甚至恒星的毁灭和诞生。

区块链技术正是"物理第一性原理"应用于生产关系解构的最佳工具。目前，我们人类应用于生产生活的各种组织关系非常复杂，从合伙关系到公司制企业再到各种行业联盟，从政党到国家再到各种国际组织；同时，为了使资源在生产关系主体之间流通，并维护各主体之间关系的秩序，人类还设计了各类商业模式、制度和法律，创造了大量为了维护模式、制度和法律运行的第三方机构，比如律师事务所、会计师事务所、法院、交易所、银行、券商、保险公司，等等。这种中心化的资源调度和权力分配制度消耗了大量生产资源，但是区块链技术出现以前，这种井然有序的组织方式和规范严整的社会秩序是极有必要的，因为目前的组织形式是在当前生产力水平下，能够确保信任有效传递的持续帕累托改进后的进化结果。

但是，在区块链时代，传统的社会契约形式将被颠覆。区块链以点对点信任直接传递和强制信任化的功能，实现了生产关系的解构。其解构原理非常类似于"物理第一性原理"对宏观物理现象的解构，任何尺度的宏观物理现象，不管是山崩地裂，还是日月运行，都可以用最基本的质子和电子间的关系来解释。在区块链时代，任何经济行为，不管是股票发行还是破产清算，任何组织形式，不管是创业合伙还是跨国企业，都将被区块链解构，解构为最基本的人和人之间的经济行为。

2 建构

以人为细胞的元胞自动机。当我们习以为常的中心化生产关系被区块链技术以"物理第一性原理"解构之后，如何重新建构新的生产关系就变得至关重要了。在区块链时代，生产关系将以"元胞自动机"模型重构。元胞自动机是由"计算机之父"冯·诺依曼作为一种并行计算的模型而提出的，其定义是：在一个由元胞组成的元胞空间上，按照一定局部规则，在时间维上演化的动力学系统。具体来说，构成元胞自动机的部件被称为"元胞"，每个元胞都具有一个状态，并且这个状态属于某个有限状态集中的一个，例如"生"或"死"、"1"或者"0"、"黑"或"白"等。这些元胞规则地排列在被称为"元胞空间"的空间格网上，它们各自的状态随着时间而变化，最重要的是，这种变化根据一个局部规则来进行更新，也就是说，一个元胞下一时刻的状态取决于本身状态和它的邻居元胞的状态。元胞空间内的元胞依照这样的局部规则进行同步的状态更新，大量元胞通过简单的相互作用而构成动态系统地演化。这些元胞的地位是平等的，它们按规则并行地演化，而不需要中央的控制。在这种没有中央控制的情况下，它们能够有效的"自组织"，因而在整体上涌现出各种各样复杂离奇的行为。这就启发了我们，集中控制并不是操纵系统实现某种目的的唯一手段。

元胞自动机是一种非常神奇的动力学模型。它既简单又复杂——规则简单，主体明确，但却又可以演化出非常复杂的动力学系统。这种通过元胞和元胞之间点对点的关系，并且遵循一定规则互相作用的动力学模型，非常类似于在区块链上的人和人之间互动的网络动力学模型。元胞自动机的四大基本元素在区块链网络动力学中也能找到一一映射的对象：主体元胞与经济活动主体（人）、边界明确的元胞空间与边界明确的经济生态圈（行业生态圈或者企业生态圈）、邻居元胞与和主体发生关系的客体（其他人）、规则与商业规则。这四大区块链网络动力学要素在时间维度上的演化过程非常符合元胞自动机的演化模型。在一个边界明确的经济生态圈中，每个主体下一时刻的状态，决定于主体与同他发生经济关系的客体的状态，并且所有主体都依据有限并且确定的商业规则进行同步的状态更新。大量的经济主体构成经济群落，通过简单的相互作用，构成动态系统的共同演化。

这种演化是中性的，也就是说，经济生态圈可能会随着演化而消亡，也有可能会停滞，也有可能会进化成有着更高效率、更大规模、互动更频繁的新生态圈。根据元胞自动机模型目前的研究，元胞自动机可以分为4类。

（1）停滞型。自初始状态开始，经过一定时间运行后，每一个元胞处于固定状态，不随时间的变化而变化。

（2）周期型。经过一定时间运行后，元胞空间趋于一系列周期结构，周而复始地循环。

（3）混沌型。自初始状态开始，经过一定的时间运行后，元胞自动机表现出混沌的非周期行为，没有确定的变化规律。

（4）复杂型。介于完全秩序与完全混沌之间，在局部会出现复杂的结构，或者说是局部的混沌，其中有些结构会不断地传播，形成"涌现式"计算（Emergent Computing）的演化。

这就是在区块链网络动力学下的生产关系的进化模式，最有竞争力的将是第4类的复杂型元胞自动机模型。由于元胞自动机的进化只受元胞自动机的规则的影响，因此不同元胞空间之间的竞争其实就是不同元胞自动机的规则之间的竞争，其竞争的要素在于也仅在于如何设计不同主体间的互动规则。在基于元胞自动机模型的区块链网络动力学模式下的企业组织将全部以DAO（Distributed Autonomous Organization）的形式存在。

为了更方便地理解以元胞自动机为模型的生产关系重构和进化，举一个例子。P2P信贷是互联网金融的重要形式，但目前P2P信贷仍然是平台中心化模式，并非直接以点对点方式进行借贷。在应用区块链技术之后，以元胞自动机模型重构P2P行业，则人与人之间的借贷活动直接发生，人与人之间的互动关系根据基于区块链的协议得到自动执行，所有主体可以同时既是借方又是贷方，大量借贷主体之间发生的关系造成整个P2P信贷生态圈的进化。其进化或者退化模式既可以是横向的，即信贷主体数量的增加或者减少、主体间信贷频率和额度的增加或者减少；也可以是纵向的，即整个P2P信贷生态圈演化成更高级或者更低级的商业模式，而生态圈进化或者退化的关键就在于规则的设计及执行。

基于元胞自动机模型的生产关系建构同传统的生产关系组织方式最大的区别，就在于是否存在一个以资源配置为功能的权力和信任中心来主导经济生态圈的演化。在基于元胞自动机的模型下，一种自发的秩序仍然会在整体层面构造出来。而且，一旦这种涌现出的自发秩序复杂到一定程度以后，它又会形成一个完全崭新的虚拟层级，这个虚拟层次的出现，又会引发一轮全新的虚拟层次中的进化。

我们总是习惯性地将复杂等同于无序，其实无序不是复杂，有序同样也不是简单。复杂存在于完全无序的边缘，而且复杂性产生的基本机制恰恰是简单的重复。复杂系统的复杂现象是主体之间简单相互作用重复的结果，复杂系统存在简单和复杂的对立统一。在区块链时代，我们习以为常的生产关系将被"物理第一性原理"彻底解构，解构后的个体将以"元胞自动机"的方式重新建构，并且实现生产关系的彻底进化。一个完全陌生但又激动人心的经济新生态将出现，人和人的关系也将随之重新定义。区块链网络动力学则是这种经济新生态的理论基础，一切基于区块链的改变和创新都可以通过区块链网络动力学来阐释和预测。

5.3
区块链的自组织

5.3.1　崩溃和无序

自然的法则总是简单的，任何人为建造的物理世界或者精神世界，如果没有持续的维护和支持，总会走向无序和崩溃的边缘。清洁的大街离开环卫工人的辛劳便会脏乱不堪；高速公路离开每天的养护便会很快破损；人际关系离开经常的互动便会逐渐疏远。对于个体而言，如果每天不学习，则会思想落伍，与主流社会脱节。世间所有的人、事和物，都在选择走向无序和混乱，甚至地球都在太阳的引力圈之中，慢慢滑向太阳，走向灭亡的终点。从人的视角看，这样的无序和崩溃是不可逆的，是不合理的，是退化的，但从自然和宇宙的视角看，这又是合乎逻辑的，是自然的进化。

热力学第二定律揭示了其中的真相："在自然过程中，一个孤立系统的熵总是趋于增加，除非该系统已达到了热力学平衡态。"虽然这个定律无法在任何尺度上都能够反映真相，但是在人类构建的物理世界和精神世界里，它能够揭示客观现实的真相。

面对无序和走向崩溃的热力学第二定律，我们需要合乎规律地设计和构建关于人和物的世界，通过事物内在的秩序让其运转下去，小到一套软件系统，大到整个人类社会这样的大系统。我们尽最大的努力去维持和推动这个系统的不断更新和发展，避免落入崩溃的边缘。在这个过程中，系统的进步和变化是内在结构由量变到质变的过程，而旧的系统试图通过依赖于内部子系统之间的耦合来抑制内在的更新和迭代，以达到延长旧系统生命的目的。伴随着不断的内部矛盾和斗争，新结构不断地产生，不断地选择和被选择，最终哪一种结构能够占优势，取代旧结构，有着宏观的不确定性。正如在互联网的世界里，新的商业模式层出不穷，软件版本不断升级，这样的更新每时每刻都在发生。有一些公司、模式或软件能够在较长的一段时间里保持生命力，其背后的动因，是贴近了市场的需求，贴近了人性。

了解了无序和崩溃的自然之道，让我们可以从一个新的视角去看清区块链，看清区块链的未来演化之道。

5.3.2　自组织

人造的物理世界和精神世界的混乱（熵）是在无情地朝着它的极大值增长，直至走向最大值——奔溃或死寂的那一刻。在不违反热力学第二定律的前提下，薛定谔的负熵流给了我们一种解决之道，通过为系统引入负熵流，减少混乱和无序的状态，即减少总的熵，使系统达到新的有序状态。

在事物自我进化的过程中，有一种开放系统能够和外部环境交换能量、信息和物质，自发地形成结构的方式，称之为自组织。在这样的自组织中，越是自由，就越有序。正如比希里歇尔（Christof K.Biebracher）等对于"自组织"的观点："自然界中的组织不应也不能通过中央管理得以维持，秩序只有通过自组织才能维持。自组织系统能够适应普遍的环境，即系统以热力学响应对环境的变化作出反应，此种响应使系统变得异常地柔韧且健壮，以抗衡外部的扰动。"

自组织不仅是自然界有效的组织方式，也适用于企业的组织。管理大师德鲁克指出："组织不良是最常见的病症，也就是最严重的病症，便是管理层次太多，组织结构的一项基本原则是，尽量减少管理层次以形成一条最短的指挥链"。随着互联网时代的到来，不再是生产驱动消费（B2C）的工业化时代，而是用户驱动生产（C2B）的需求化时代。只有当企业所提供的产品和服务能满足用户的需求时，企业才能长久不衰。这必然要求企业组织变得更加扁平化，更加柔韧，且能迅速适应环境的变化。而用户需求则是一种负熵流，将推动企业自身的不断进化，从一个有序状态到另一个有序状态。

区块链思想，正是一种去中心化的自组织的思想，它代表了一种方向，而这种方向最终是否成为历史的选择，则要看区块链本身的发展。因为区块链技术本身也在不断地在崩溃和有序之间做斗争，其目的是为人服务，为人性服务。人的需求，组织的需求和社会需求一起推动着区块链技术的演进节奏和方向。

5.3.3　节点变迁

正是过去以人为节点的孤立系统到现在相对开放的系统的演变，逐渐推动着人类社会文明的不断进步。同样，信息技术从过去的PC时代，到PC互联网时代，再到移动互联网时代，也是一个从孤立到开放的演进过程。在这个时代，人成为复杂社会网络的一个节点。随着虚拟现实的普及，未来会产生多个异构的虚拟世界，多个异构世界之间也可能会有连接，节点开始变迁，以"我"为个体的节点，衍生出多个"我"。

从节点的变迁来看，线上虚拟世界和线下物理世界的界限开始变得模糊。随着虚拟现实技术与物联网的应用和普及，人类社会正在进行着一场大融合，即人类不断开拓的线上世界和线下物理世界的融合。虚拟资源和实体资源开始向云端转移，可以按需获取，我们并不占用资源本身，却在消耗其价值。人成为云的一部分，技术产品成为人类器官的延伸，从而使各种云端的能力和资源成为我们人类能力的延伸。

无论虚拟世界和物理世界的融合进展到什么阶段，一切还是以人的需求为"节点"。即使物联网和人工智能普及后，一切物理世界和虚拟世界的资源还是为人服务的。因此，由区块链技术构建的去中心化的可信互联网需要为上层的自组织服务，如果脱离具体业务和需求去孤立地看待技术本身，容易走入歧路。

5.3.4　自组织的基础支撑

在系统从孤立到开放，从孤岛式的PC软件服务到开放式的平台软件服务模式的进化过程中，通过规模化使服务和产品的边际成本降低，让更多的用户能够低成本的使用。但是随着网络的进一步扩展，开始延伸到物联网，最终到万物互联时代，由中心化带来的效率、成本以及信任危机等问题将会日益明显。

在前文提到，系统的进化需要引入负熵流，系统越是开放，越是容易引入负熵流，让系统更具有生命力。那么这里会存在一个悖论，即开放的系统本身，从某个层面上看，它又会形成一个中心化，只不过中心化在形式上开始下沉，成为底层协议支撑的一部分。比如，各类云平台服务，在云平台上能够建立各类面向业务的应用，平台越是开放，资源越多，那么应用也越多，而平台本身又是一种中心化，只不过开始底层化了。上层的应用却是去中心化的，自组织的，所以更具备生命力，这是互联网时代软件服务模式的必然结构。

区块链技术作为一种底层协议，无非是对两种关系的映射，一种是线上业务的映射，一种是线下业务的映射，最终都是反映客观现实。就区块链技术本身而言，需要扎根到现实的土壤里，犹如大树扎根在肥沃的大地里，从大地里吸收所需的各种养分，并和大地成为有机的整体，这样才能茁壮成长。例如，微信实现了一种自组织的底层平台，微信上构建的是我们每个人自己的生活，人际关系，而这个关系并不是腾讯公司为我们带来的，而是我们为微信引入了这些"负熵流"，这是微信能够成功的要素之一。对于微信本身，也需要贴近和洞察这些"负熵流"的玄机，密切去跟进迭代演化产品自身。对于腾讯公司或微信产品本身、它们是中心化的，中心化也是必须的。所以，这又给了我们一种启示，去中心化未必是完全的不要中心化。

技术是一种活物，我们在看待区块链技术本身的时候，不能局限于当下的技术细节和实现机理，而应该把视野放大到系统的整体中看未来的方向，这个大系统就是把区块链技术纳入其中，作为自身有机整体的一部分。

任何事物，包括软件产品、技术和平台等，要能够长久地持续下去，都需要我们去维护和更新它们，有时候甚至需要用更好的产品直接去替换它们。平衡意味着死亡，因为自身内在无法驱动它们去做更好的自己，必然会走向衰败的边缘。正如范式般潮起潮落，新技术的不断出现，老技术的衰亡，世间万物也都遵循着同样的机理。

因此，构建可以自我维生，并且能够持续进化的区块链技术，必须是开放的系统。孤立的系统和封闭的系统无法产生演进的动力源。开放含义中最重要的一点是需要去承载业务，消化吸收客户的需求。

5.3.5　区块链的未来

任何技术都有正反两面，正是内在矛盾和外在矛盾一起驱使着新技术的不断演化。技术最终都是围绕着人性服务的，站在人性的角度，我们其实可以放下区块链技术本身，不管是怎样的技术，关键是要能够解决人的诉求，组织的诉求，社会的诉求。我们希望能够自组织，能够降低信用的成本甚至去信用。这样的基本诉求会推动区块链技术内部新结构的诞生，而新结构的诞生又是宏观上不确定的，所以区块链技术的未来会以怎样的形态出现在大家眼前并不重要，重要的是未来会有一种技术能够解决自组织、去信用等问题。[66]

5.4

三体与区块链

马云曾经说过："很多人还没搞清楚什么是PC互联网，移动互联网来了，我们还没搞清楚移动互联的时候，大数据时代又来了。"现在，我们是否可以在后面加上一句："人们还没搞清楚大数据是什么，区块链又来了"？威廉·吉布森曾说过："未来已经发生，只是尚未流行。"相信区块链技术能够引领未来5～10年的计算机和互联网领域的发展，我们已隐约能听见不远的未来，由区块链技术掀起的革命的滚滚风雷。

既然如此，我们何不畅想一下更遥远的未来，脑洞大开一把，站在科幻的角度，畅想区块链技术将来的应用。

现在很多人都把区块链视作解决信任问题的优秀机制，《经济学人》的文章标题已把区块链称为"信任的机器"。的确，基于区块链的各种特性，能够很好地建立信任，但除此之外，我们也可以把区块链视作一种大规模的协作工具。通过这个协作工具，可以让很多原来想象不到的东西变成可能。

最简单的例子，区块链在金融领域的运用，可以使银行结算、财务审计以及跨境支付等各个方面变得方便快捷，强化了金融领域的协作能力。因此，各大金融机构都在布局区块链，加紧研究区块链技术在金融领域的应用。还有其他很多领域，比如物联网、去中心化社区等，区块链技术在这些领域的尝试，也都是为了提高人与人之间的协作能力。

让我们把眼光再放长远点，通过奖励回馈机制和智能合约等功能，区块链技术还能够为科学研究提供一个前所未有的全球化协作社区。

现在有许多科学研究项目，都采用了一种"@home项目"模式，在这些项目中，个人电脑用户可以贡献出空闲的处理器能力，帮助解决科学问题。PC机几乎从未使用过它们的全部能力，分布式计算就是利用这一空闲能力，将大型任务划分为较小的任务，并通过互联网分发给通常空闲的计算机来处理。大量计算机的同时参与，处理能力可以超过最强的并行超级计算机。这其中著名的项目有SETI@home（在家搜寻地外文明）、Einstein@Home（爱因斯坦在你家，证明引力波的存在）。这两个项目的主机平台都是伯克利开放式网络计算平台（BOINC），也是目前主流的分布式计算平台之一。

我们都知道比特币具有挖矿机制，可以对最先计算出特定哈希值的节点奖励比特币，这就是一种很好的奖励回馈机制。智能合约，则是一种用计算机语言取代法律语言去记录条款的合约。简单来说，就是可以对货币进行编程，只有达成某种条件，才能转移或使用。这两个机制，都可以促进大众参与科学研究。解决问题，获得奖励。

运用区块链技术，研究者们不但能把庞大的算力集合在一起，而且能将各种其他所需要的资源进行合理的调配与协作，并且通过事先设定好的规则，对参与到整个协作系统中的人、机构甚至设备进行奖励，来促进资源更加合理的分配，并且吸引更多的资源参与到这个系统中去。

我们再把思维发散开去，如果运用区块链技术可以整合全人类闲置的算力和资源，那么能不能运用区块链，将多数人的思维与智慧整合，把集体决策提高到更高水平呢？从这里开始，才是真正的脑洞大开。

这个想法，是受清华大学的韩锋博士的启发。他在2016年1月的演讲"云决策CloudMind：区块链能让地球人变成三体人吗？"中提到，运用区块链的分布式公正系统，加上脑机接口等技术，人类能够像科幻小说《三体》中三体人那样，拥有透明、公正的决策系统——云决策（小说中三体人不会欺骗，科技高度发达）。他的想法非常新颖，着眼未来，若能实现一定会带来人类文明巨大的进步，有兴趣的读者可以找来看看。

在此基础上，笔者也进行了更深入的思考，对韩锋博士的想法产生了两个问题：是否有必要？如此优化后会有什么影响？

第一个，问题必要性的关键在于效率。如果有其他简单方法能达成同样的效果，是否仍需要用如此复杂的方法来实现？演讲中提到的脑机接口距离我们还很远，其实只需使用区块链技术即可。例如今年，德克萨斯州自由党就使用了区块链技术存储竞选结果，让投票更加公开透明，这就实现了透明、公正的集体决策。

第二个问题在于影响。如果真正变成三体人那样完全透明公正，会发生什么？无意判断好坏优劣，但如果真正实现，有些事情是可以预见的：完全透明带来的结果是隐私的完全公开，个人的思考不再独立，会受到外界的影响和制约。这会对人类的创造力，思想文化的多样性、独特性带来冲击。另外，如果成功实现全人类统一决策，人类这一群体很有可能演变成类似蚁群、蜂群的形式，高度分工的集权制度。

提到蜂群，不得不提到互联网著名的"预言帝"凯文·凯利（简称KK）。KK本人强烈支持去中心化、分布式思维、分布式管理以及并行的分布式系统，在他的经典著作《失控》的各种预言中可见一斑。KK在《失控》中提到过蜂群思维、群集意识。他自己养过蜜蜂，蜂群在一起的时候，有很多单个蜜蜂没有的行为。例如，每只蜜蜂的寿命只有6个星期，但蜂巢的集体记忆则长得多；工蜂通过舞蹈向蜂群报告侦查结果，表明某个地方很好，吸引更多的工蜂前去侦查，渐渐以滚雪球的方式，形成了大的群舞，决定了蜂群的去向。

通过蜂群的案例，KK阐述了蜂群思维：蜂群个体所拥有的意识是有限的，所传递的信息是简单的，但结群之后涌现出的智慧则远超出个体的极限，这不是一个2+2＞4的结果，而是一个2+2＝苹果的超越。进化倾向于数量的增加，通过量变带来质变，众愚成智，智慧从群体中"涌现"。

蜂群的分布式思维带来了集体智慧：单一个体所做出的决策往往会比多数的决策来得不精准，集体智慧是一种共享的或者群体的智能，以及集结众人的意见进而转化为决策的一种过程。这样的决策机制与我们想要实现的不谋而合，我们可以试着探讨，通过区块链，实现将人类思维、情感相连，发展更深层群集意识、集体智慧的可能性。

其实，关于实现更高层次的群集意识，人人心灵互相连接的场景，有比《三体》、蜂群更好的科幻描述——游戏"星际争霸"。

玩过星际争霸的朋友应该对星灵（神族）背后长长的辫子有印象，这不是装饰用的，而是神族的一个器官——"神经索"。

神族的文明是在卡拉（Khala）的基础上建立的，卡拉是将神族的思想以及情感连接在一起的神秘且神圣的能量场。神族的圣堂武士们都保持着与卡拉的联系，而联系的介质正是他们背后那条长长的辫子——神经索。通过卡拉，神族人民彼此可以共享思维，心灵感应，瞬间交流思想和情绪，并能够将其上传。

此外，对于神族这样一个古老的高等文明种族来说，他们发达的科技离不开长久以来对知识的保存与管理，甚至是共享。而卡拉很好地起到了神族文明的图书馆以及学院的作用，使得为数不多的神族人民可以团结强大。这个图书馆中还存在一个神秘的职业"保存者"，当每一个连接到卡拉的神族人民死去，保存者都能收集起他们的所有记忆。在需要回顾过去时，保存者能够调取每一段历史中亲历者的记忆，以保证完整详实地还原历史记录。当然，严格来说，就算是历史的亲历者，也不可能对自己经历的事件的所有真相了解得面面俱到。但保存者们会调取多个亲历者的记忆以求获得最全面的资料。

卡拉作为神族的心灵网络，构建了可以广泛思维同步、情感共享、存储查阅的系统。似乎以我们现在的科技，实现毫无可能，但其实科幻对于历史来说，真的是太幼稚了，假以时日人类完全可能实现这样的场景。若能实现，我们可以试图打造一个传递、存储情感与记忆的区块链，建立全人类文明的史记，并通过各类记忆的交叉比对，重组大数据以构建新的集体智慧。

乍看区块链与卡拉毫无关联，但细细思考，区块链的性质和卡拉的特点是有很多相同之处的。我们首先列出区块链的几大特点：去中心化、去中介化、不可篡改、可追溯性、安全性等，另外私有链还包含了权限控制等特点。接下来我们看看每个特点与星际争霸中科幻想象点的对应：

（1）去中心化。拥有思维、情感、记忆和经验的是每个离散的人。想要形成大范围的思想、情感上的互动交流，必须要以去中心化或是多中心化的模式来组织。因为，交互是时刻发生在所有独立的个人间的，并且传递的内容是情感和思维，像QQ那样用中心化的企业管理运行，肯定会不堪重负，而去中心化的区块链，则可以同步处理大量点对点的交互。在传统的中心化网络中，对一个中心节点实行有效攻击即可破坏整个系统，而在一个去中心化的，例如区块链的网络中，攻击单个节点无法控制或破坏整个网络，掌握网内51%的节点只是获得控制权的开始而已。另外，每个人的记忆不可能用中心化的数据库存储，必然是用分布式数据库存储，并通过区块链的形式组织起来。

（2）去中介化。若能实现卡拉的效果，整个人类基本上是共享记忆了，到那时，思维、感情的传递显然不再需要借助社交网络、新闻媒体等中介的传输。点对点的心灵互动借助区块链技术已成为可能。

（3）不可篡改。关于历史的客观性，可以说："历史由胜利者书写"。历史事件是客观的，但对历史的记录却是主观的，任何历史叙述都带有意识形态影响的痕迹，并且很容易受到篡改和删除的影响。而区块链具有不可篡改性，区块链采取单向哈希算法，同时每个新产生的区块严格按照时间的线性顺序推进，时间的不可逆性导致任何试图入侵篡改区块链内数据信息的行为很容易被追溯到，导致被其他节点所排斥，从而限制了相关不法行为的产生和施行。记忆的存储记录在区块链上，避免了某些人因政治、利益等因素刻意抹黑、抹杀某段历史。这样，在回顾某段历史时不会因为资料的篡改和删除而被曲解。

（4）可追溯性。对大量上传记忆的管理，除了防止丢失和篡改，还要能方便地实现回溯查找。而区块链是基于时间戳形成的数据库。区块（完整历史）与链（完整验证）相加便形成了时间戳（可追溯完整历史）。时间戳存储了网络中所执行的所有交易历史，可为每一笔数据提供检索和查找功能，并可借助区块链结构追本溯源，逐笔验证。区块链的可追溯性可以帮助查找过去经历、记忆的人，方便地找到所需的内容，便于检索、学习，可以运用到历史研究，技能经验传授，案件侦破等方面。

（5）私有链的权限控制。不是所有人都需要获得查找过去记忆的权限。在星际争霸的设定中，只有保存者可以完整地储存、读取所有的知识。此外，卡拉并不是完全无隐私的共享，上传者可以做到选择性地共享信息。

私有链相较于公有链，写入权限仅在一个组织手里，读取权限可能被限制。运用私有链，可以将允许访问的节点连接起来，对记忆区块链的使用赋予权限并进行监控，通过权限控制来降低风险。

出乎意料吧！区块链竟然能很大程度上与星际争霸中幻想的卡拉的特点对应。我想这是由区块链的特性决定的。在本篇的开头就提到，区块链可以被视作一种大规模的协作工具，即使是再天马行空的协作构想，人类的思想融为一体，区块链也有它的用武之地。

通过区块链实现的记忆重构，"万能图书馆"是否有意义呢？KK在他的新书《必然》中给出了新的预言。他提到了两个词：屏读和重混。

关于屏读，KK设想了一种万能图书馆，人类有史以来的所有作品都被数字化，存储在一个50PB的硬盘上，我们可以以屏读的方式阅读它们。由于链接和标签，对万能图书馆进行屏读变得可能，威力强大。一旦加入链接，文本之间不再独立，我们可以在书籍间根据索引、链接自由地跳转。

再进一步设想，当内容无限多后，筛选变得更有价值，我们可以通过组建特殊主题的推荐组合形成新的权威。因为互联与流动性，长尾部分的作品也将提升自己的受众量。

另外，当屏读与其他高科技相结合时，还能释放出更强大的能量。比如，当你通过可穿戴设备进行屏读，置身之处可以看见关于此地的以任何书中、语言、时间写下的任何事情，你会与万能书籍产生强烈的互动。完全可以想象，未来屏读会充斥在我们生活的各个空间，我们与身边的一切看似冰冷的事物将会产生和谐的互动。

关于重混，KK谈到：新产物不一定源于新资源的发现，有可能是旧有事物的重混。重混创造带来的蜂巢思维产物，可以提供各个角度细节，我们可以因而重混出完整版的场景。

媒介中正在发生的"可检索性"和"可回放性"变革，使得我们可以返回、体味、分享、重混创造。对已有版权素材的利用不一定完全适应现有的知识产权法律，但毋庸置疑，重组才是创新和财富的唯一动力源泉。

再回过头去看前文对用区块链实现卡拉的想象，似乎不再那么遥不可及了。

脑洞大开，说了很多，肯定有人觉得这是痴人说梦，但笔者相信区块链的未来。送给质疑者两位名人的话，也望与诸君共勉：

现实的世界是有限度的，想象的世界是无涯际的。——卢梭

想象就是深度。没有一种精神机能比想象更能自我深化，更能深入对象，这是伟大的潜水者。科学到了最后阶段，便遇上了想象。——雨果

5.5
互联网+走向区块链+

互联网早期的先驱者无论如何都无法想象这项技术给今天人们生活带来的巨大变化，互联网已经不仅仅是比特信息传输的电子媒介，而是将各行各业完全连接在一起的，巨大的生活和工作的网络。就像我们今天看到的，通过互联网人们不仅能够查阅资料、获取资讯，而且可以使用在线的电子商城进行购物，一个鼠标点击动作就能够让货物通过快递送到买家的家中。不仅如此，通过将智能手机与互联网技术相结合，催生了被称为移动互联网的新形态，更加丰富了互联网的内涵。使用移动互联网的用户，可以通过手机预订外卖，也可以呼叫专车去往旅行目的地，甚至可以将家中空闲的房间出租给互联网上的陌生游客。

这就是人们今天称之为互联网+的东西，把互联网作为基础的技术平台，将人、信息和资源全方位地融合在一起，为各种新的商业模式提供了无限的可能。在当前大众创业、万众创新的时代背景下，无数的提供互联网+服务的商业形态如雨后春笋般进入人们的视野。只要有一个好的想法，快速地结合资本和技术就能够孵化出一个创业企业，不禁使人感叹现在的互联网+创业的热情已经完全颠覆了人们的想象。经过这几年的高速发展，互联网+各个行业的商业模式已经得到了全方位的研究、探索和尝试，比较容易产生商业价值的模式绝大多数都已经进行了验证，同时也发现了不少的问题和难点。

就像互联网技术本身，互联网+是一个完全开放的生态，允许任何人参与其中，提供服务和商品，进行交易和支付。但是，在开放的互联网上缺乏足够的信任，特别是在人们需要完成重要的商业活动和价值转移的时候。例如，现在要完成互联网上的消费购物，很多网站都要求用户使用手机号码获取验证码的方式进行身份识别，而事实已经证明这种通过手机进行验证的方式具有很大的安全漏洞，并且已经对用户的财产造成了损害。在这样的背景下，区块链技术恰好能够解决这些困扰当前互联网+发展的瓶颈问题。

5.5.1　可信交易杜绝消费欺诈

区块链技术作为一种加密通信和存储的媒介，可以有效识别交易方的资产状况，并进行可靠的交易记录。通过网络进行支付，不再需要借助第三方的认证（比如使用电子邮件或者手机短信获取验证码），能够安全可靠地进行授权支付。使用区块链技术进行O2O的交易，可以防止单一后台被操纵而进行的刷单问题，所有的交易记录都真实可信，避免了消费者上当受骗的可能性。

对于虚拟商品的交易，现有的电商生态无法有效解决欺诈的问题，因为虚拟商品的交割是无法直接、可靠地完成的。比如淘宝网上很多销售游戏虚拟道具的店铺，很可能在收到消费者支付的现金后无法提供约定的虚拟商品。游戏道具的交割通过游戏内交易或者连带账号交易都可能带来欺诈的隐患，因此作为买家需要格外谨慎地识别潜在的风险，这就造成虚拟商品的交易不可能大规模发展以支撑起一个全新的产业。利用区块链技术发行数字资产，则可以使交易的信用风险降到最小，并且结合智能合约技术催生出不同的业务模式，比如虚拟资产的抵押贷款和套利交易等。

同时，区块链技术也可以作为消费评价的有效机制，为服务提供商建立诚信档案。现在不少互联网服务平台都提供了用户评分机制，消费者可以根据商品和服务的质量给商家进行打分，以帮助商家改进服务，并且帮助后续的消费者有效分辨出商家的品质。但是，由于目前这种评价机制都是由平台完全控制的，在实际运作过程中存在不够公开透明的问题，可能会有商家通过非法手段篡改评价结果的可能性，影响消费者做出正确判断。区块链技术能够提供可信的和公开的存储记录，只要是用户提交的评价就会一直在区块链中存在，不存在被篡改和隐藏的可能性。同时，进行评价的用户也需要提供自身的数字签名，可以比较容易地验证是否有虚假评价和恶意评价的存在，防止刷单欺骗交易的可能。

5.5.2 去中心化避免垄断获利

在互联网+日益繁荣的今天，很多商业模式在起步阶段都要投入巨大的资金去补贴消费者，比如打车送红包等。从短期看，这种模式可以给消费者带来现实的利益。但是，谁都知道羊毛出在羊身上，服务提供商最终肯定会从消费者那里获取超额的收益，这就是在垄断达成的时候。

现在，绝大多数的互联网公司都打着免费试用的名义发展用户，通过收集和控制用户信息，培养用户的使用习惯，最终通过兼并同行竞争企业达到垄断控制整个细分行业的目的。很多人已经看到了这个问题，但是在现在中心化信息服务提供的模式下很难避免数据的垄断问题，毕竟整个服务器的硬件和软件都掌握在平台服务提供商的手中。就像现在淘宝网上能够免费开店，但是对于广大的中小卖家来说，如果不投入巨大的营销费用让自己的商品和店铺出现在搜索结果的顶端，实际上是很难获得收益的，这就是先免费后垄断形成的恶果。而且，这种模式随着淘宝网的成功在其他的互联网+领域也在被不断地复制着，这将影响更多的商业形态。

区块链技术具有去中心化的特点，其上存储的交易信息平等地分布在各个参与到其中的验证节点上，而这些大量的验证节点控制在不同的个人和企业手中。虽然，我们不能信任参与其中的所有节点都不会做恶，但是从区块链的整个网络来说，上面的数据是足够安全可靠的，并且绝对不会被操纵和篡改。正是这种去中心化的，使得区块链更能够满足改造线上线下商业生态的任务，使商家或者消费者都可以确信，基于区块链的平台在现在和将来都不会形成垄断。

5.5.3　高效互联优化合作模式

现在的互联网+模式都需要线上平台与线下的服务提供商进行签约以达成合作形式，然后线下商家通过接口接入线上平台以完成订单管理、资金支付和清算的整个流程。这种线上线下的合作模式推广需要投入巨大的人力和资金，并且由于市场发展的不确定性，很多潜在的合作方无法及时接入以实现规模化发展。

区块链技术提供了单一的网络生态，结合数字货币作为结算的媒介，线下的合作商家无需签约加入线上平台的服务生态。商家只需要使用统一端口接受线上平台发行的数字货币支付，就可以认为加入到了这个商业联盟。在这种商业模式下，不需要线上平台提供管理后台，线下商家可以自发地加入到这个商业联盟当中，提供服务并获取收入。

现在很多银行和航空公司都使用积分机制来鼓励用户消费和使用自家的产品，对于这些积分机制，企业都准备了一定的成本进行覆盖，如何在不提高成本的前提下给客户提供更好的消费体验是企业要关注的重点问题。而对于消费者来说，从企业获得的积分只能在有限的商家消费或者换取自己不需要的商品，并不能提升消费者的实际体验。其根本问题是，这些积分实际上不能做到有效的流通。对于消费者来说，积分如果不能交换到自己需要的产品和服务，就形同鸡肋。而对于很多商家来说，由于无法和企业达成能够有效盈利的合作模式，也没有办法加入到这个基本积分系统中。

引入区块链技术后，通过将积分机制建立在区块链网络的基础平台上，不同的商家和消费者可以进行自主选择。消费者可以将自己不需要的积分在这个区块链网络上兑换成现金，而提供高质量服务的商家也无须受限于合作模式而将服务提供给需要的消费者。对于积分发行企业来说，他们不需要承担更高的成本就可以盘活整个积分体系，从而为自己的客户提供更好的消费体验。

这种积分的模式还可以推广开来，不仅满足一家企业的积分系统的要求，还可以将大量的企业积分一同加入进来，建立一个积分系统的大联盟。在这个开放的区块链积分系统中，不同的积分可以作为虚拟货币进行自由兑换，积分可以自由地交易和兑换，服务提供商可以自由定价，提供更好的服务和产品选择。而积分发行的企业甚至不需要构建应用系统，因为有基于开放的区块链积分网络，第三方应用软件开发商也可以提供更加优质的软件系统，用于支付结算和交易管理。

5.6

物联网走向物"链"网

物联网（Internet of things，IoT），顾名思义，物联网就是物物相连的互联网。这个概念自诞生以来一直被人追捧，专家普遍认为，如果"物联网"时代来临，人们的日常生活将发生翻天覆地的变化。[67]

物联网的发展前景十分乐观，市场调研机构IDC发布的最新报告预计，到2020年，全球物联网市场规模将从2014年的6558亿美元增至1.7万亿美元。到2020年，全球物联网终端（如汽车、冰箱等存在于物联网内的一切互联设备）数量将从2014年的1030万个增至2950万个以上。有机构预计，到2020年，中国物联网市场规模预计将达10万亿元人民币。物联网市场将成为未来万亿级别的蓝海市场，使我们真正走向智慧家居，智慧城市，智慧地球。

物联网市场的迅猛发展，对智能设备的管理运营水平提出了更高的要求。但实际上，物联网发展应用至今，我们仍未看到物联网大规模建设的案例。主要是因为物联网，尤其是当前中心化的物联网，没能解决自身存在的一些问题。

传统的中心式计算模式，例如云计算，在安全性、隐私保护、融通性等物联网重要属性方面可能并非最佳选择。目前，智能设备之间的连接和计算基本上是基于对第三方的信任，而随着智能设备数量呈现指数性增加，摆脱这种信任所带来的不确定性是必然趋势。

但当人们的目光投向区块链技术时，却有了意想不到的收获，区块链技术的各种特性可以很好地契合物联网的问题，两者优势的融合，将爆发出不可估量的能量。今后，物联网与区块链强强联手，走向物"链"网（Chain of things），将是令人期待的一件大事。

5.6.1　IBM的设备民主

最早提出运用区块链技术解决物联网存在的缺陷的是IBM。IBM在2014年发布了他们的物联网白皮书《设备民主，去中心化、自治的物联网》，其中提到了要建立"去中心化、自治的物联网"。

白皮书展望了物联网的前景和机遇，也分析了物联网想要做大亟须解决的问题。白皮书显然受到"去中心化"思想的影响，其中提到的"设备民主"理念与密码学和密码学货币的理念高度契合，而这正是区块链的根本。

在回答物联网为何需要重新启动时，IBM谈到了物联网面临的5大挑战。

挑战1　连接成本

许多现有的物联网解决方案成本很高，因为除了服务的中间人成本外，与中心化云和大型服务器群相关的基础设施和维护的成本也很高。

挑战2　失去信任的互联网

在物联网中，形成信任是非常困难的，而且维持信任的成本非常高。

现在大多数的物联网解决方案，为中心化的机构提供了未经用户授权就能够收集和分析用户数据，近乎于控制用户的设备的能力。

为了被人们广泛应用，隐私和匿名性也必须被整合到物联网的设计中，给予用户控制自己隐私的能力。

挑战3 设备制造商会过时

在物联网世界，在过长的设备生命周期中，软件更新和设备维修成本将在长达数十年中增加制造商的负担。可能设备还在用，制造商已经倒闭了。

挑战4 缺少使用价值

简单地连接到网络并不能使设备更智能，更出色。联网和智能只是设备产生更好产品和服务的一种手段，而不是最终目的。我们不应该为了物联网而物联网。

挑战5 破损的商业模式

大多数物联网的商业模式是：售卖用户数据或者做针对性广告。这些期望是不切实际的。阻碍从用户数据中获得价值更深层的原因是，普通消费者用户可能开放共享自己的数据，但是企业用户不会这样做。

另一个问题是对从物联网智能设备应用程序获得收入的预期过于乐观。缺少可持续盈利的商业模式阻碍着物联网向前发展。

总结一下白皮书的观点，高效廉价的数据处理模式，保障物联网信息安全的信任机制，可持续盈利的商业模式，这三点是物联网必须解决的问题。

其实这三个问题是相互关联的。首先来看数据处理模式。传统的物联网模式是由一个中心化的数据中心来负责收集各个连接设备的信息，但是这种方式在生命周期、成本和收入方面有着严重的缺陷。为了解决这个问题，IBM认为未来每个设备都应该能实现自我管理，从而无需经常性地进行维护。因此，这些设备的运行环境将是去中心化的，它们连接在一起以形成一个分布式网络。这样整个网络的寿命就会变得很长，并且运行的成本也将降低很多。而要实现去中心化的分布式网络，就要解决各节点的信任问题，也就是上文提到的第2个问题。在中心化的系统中，信任是比较容易的，因为存在一个中心化服务器来管理所有的设备和各节点的身份，并且可以处理掉坏的节点。但这对于数量几十亿的设备来说，几乎是一个不可能完成的任务。即使成功，成本也令人咋舌。只有有利可图，存在成熟的商业模式，且具有极大的商业价值，才有解决以上两个问题的动力，三者环环相扣。

因此，IBM提出，需要建立一种去中心化的物联网解决方案，实现去中心化，设备自治。由中心转向边缘，"是时候从数据中心迁移到门把手了"。

而这样的去中心化解决方案需要满足下列3条必要条件。

（1）无需信任的点对点通信；

（2）安全的分布式数据分享；

（3）一种健壮的、可扩展的设备协作方式。

可以说，中本聪设计的区块链技术完美地对应了以上3点。运用区块链技术，可以为物联网的世界提供一个引人入胜的可能性。在调查之后的几个月，IBM深信在物联网革新的问题上，"区块链提供了一个优雅的解决方法"。

IBM是最早宣布他们对区块链的开发计划的公司之一，它在多个不同层面已经建立了多个合作伙伴关系，并展现了他们对区块链技术的钟爱。在2015年1月，IBM宣布了一个项目——ADEPT项目（自动去中心化点对点遥测技术），一个使用了P2P的区块链技术的研究项目。IBM和三星还为ADEPT提出了一个概念验证，使用区块链数据库建立一个分布式设备网络（一种去中心化物联网），由ADEPT来提供一种安全并且成本低的设备连接方式。

除了应用区块链技术，IBM还将智能合约和人工智能Waston融入ADEPT中。根据可行性报告显示，未来的家用电器，如洗碗机，可以执行一份"智能合约"来发布命令，要求洗涤剂供应商进行供货。这些合约给予了设备支付订单的能力，并且还能接收来自零售商的支付确认信息和发货信息。这些信息会以手机铃声提醒的方式来通知洗碗机的主人。

这样一来，区块链承诺的无摩擦价值交换，智能合约带来的设备交互能力和人工智能所具有的提高大规模数据分析速度的能力，三者相辅相成，就能构建出更强大、更智能的物联网。

正如IBM全球企业咨询服务部的副总裁保罗·布罗迪（Paul Brody）所言，他们的目标是建立一个更加智能的设备网络，这个设备网络在运行期间能够分享能源和带宽，做决策，以及最大程度地提高效率。它是一个既有中心化系统，又有去中心化系统的生态系统。这个解决方案的核心就是区块链技术。

ADEPT平台由3个要素组成：以太坊、Telehash和BitTorrent。

对照之前白皮书中提到的3点必要条件，无需信任的点对点通信对应的是Telehash，安全的分布式数据分享对应的是BitTorrent，健壮的可拓展的设备协作方式，则对应以太坊。之所以选择以太坊，是因为它具备更强的扩展性和更优秀的社区资源。随着ADEPT和以太坊的影响力不断提升，区块链在物联网中烙下的印记将会越来越深。

除了IBM在探索区块链在物联网领域的应用外，还有其他公司也在这个领域深耕。Filament和Tilepay是其中有名的两家公司，他们分别从硬件基础和商业模式上挖掘着区块链在物联网领域的无限可能性。

5.6.2　Filament的底层硬件

Filament公司原先的设想是建立网状网络（Mesh Network）上的无线家庭安全系统。现在他们把公司的发展目标定位在工业用例上，实现设备之间的连接。Filament的理论是，建立一个平台，使得通过去中心化方式连接的设备能相互沟通。

2015年8月，Filament宣布完成了500万美元的A轮融资，投资方是Bullpen Capital、Verizon风投和三星风投。Filament的联合创始人兼首席执行官艾瑞克·詹宁斯（Eric Jennings）认为，Filament是一个使用比特币区块链的去中心化物联网软件堆栈，能够使公共分布式总账上的设备持有独特身份。通过创建一个智能设备目录，Filament的物联网设备可以进行安全沟通、执行智能合约，以及进行小额交易。用他的话来说："为什么使用区块链？因为它可以使系统更强大，更有价值。"

鉴于这一设想，詹宁斯认为他的项目与ADEPT项目在本质上是相似的，不同的是它将针对工业市场，使石油、天然气、制造业和农业等行业的大公司实现效率上的新突破。通过利用基于区块链技术的堆栈，企业可以更好地管理物理采矿作业或农业灌溉，不需要再使用效率低下的中心化云方案或文件式的老方案。

为实现这一设想，Filament公司推出了他们的传感器设备，Filament Tap和Filament Patch。

Filament Tap是一种便携式的连接设备，内嵌传感器以检测环境，可以很方便地连接到设备上开始监控。Tap能够快速部署无线网络，与周边10英里以内的节点（其他Taps）通信，并可以与电话、平板电脑和计算机进行沟通。与之配套的Filament Patch，则用来延伸该技术的硬件，可以实现硬件项目的定制。

Filament的技术堆栈将使用五层协议：blockname、telehash（Telehash的创始人就在Filament团队中）、智能合约、pennybank和BitTorrent。Filament传感器的运行依赖于前三层协议，后两层协议是供用户端选择的。

每个设备都将配备处理公司的全部五个通信协议的能力。blockname能够创造一个独特的标识符，存储在设备嵌入式芯片中的一部分，并记录在区块链上。Telehash，反过来提供端到端的加密通信。BitTorrent则支持文件共享。

通过硬件和技术堆栈，Filament建立了一个基于区块链的，去中心化的物联网软件堆栈。对这个堆栈进行操作，可以实现智能合约、小额付款等更多的功能。《区块链革命：比特币背后的技术正在如何改变货币、商业和世界》一书的联合作者Alex Tapscott，则将其称为物账本（the Ledger of Things），可以记录所有发生在物联网中的事。通过它，可以安全可靠地处理物联网间传输的海量信息。这样的物联网，开放、透明和安全，而且没有核心故障因素，并且有创建和执行智能合约的能力。这样，从电网，运输到金融方面都将产生巨大的作用。

Filament公司正在进行关于Tap设备与邻近的10英里远的设备通信的测试。用Filament Tap可以监视电力设施，省去了昂贵的物理检查的需要。如果设备倒了或着火，破坏偏远社区的电力，由于互联互通，便可通过其他设备提醒电力公司。

Filament公司还设想使用其他传感器来形成一个通过比特币技术的供电网络。由于该网络基于区块链技术，所以也是可以实现的。现在，纽约已经开始实验，建立一个"布鲁克林微型智能电网（Brooklyn Microgrid）"，通过区块链和以太坊，可以进行对绿色能源产生的过剩电能的点对点交易。

区块链技术将在安全、透明度和大数据管理方面能够改善物联网，而Filament公司希望从底层硬件出发，努力证明这一点。

5.6.3 Tilepay的物联网支付系统

Tilepay[68]（物付宝）对物联网的探索则集中在支付领域和商业模式方面。Tilepay希望能基于区块链技术，为现有的物联网行业提供一种人到机器或者机器到机器的支付解决方案，实现对物联设备传感器的实时接入支付。

Tilepay的眼光很长远，他们看到了物联网真正未被发掘的价值：传感器的数据。正如物联网之父凯文·艾什顿说过的："物联网价值不在数据采集，而在数据能否共享"。

全世界几乎有无限多的数据量，而人类在采集世界数据方面并不擅长。因此，人们建立了一个非常低成本的，与互联网相连的，遍布全世界的传感器网络。计算机能够通过这些自动化的传感设备获取信息。但我们真正需要的，是在传感器网络中得到整体的图景，这才形成了能采集数据的物联网。

当传感器收集了数据后，是否有价值取决于信息是否能够共享。传感器铺设是物联网的架构基础之一。然而，当今大部分传感器都掌握在私有网络中，只为单一应用服务。这种现状违背了真正的物联网愿景——数据共享。

举几个例子，停车场管理公司为了检测停车位的使用状况，安装了一个大型的传感器网络。这样的基础设施建设需要花费大量的金钱，但如今它却只能用来判断停车位情况，这其中蕴藏着宝贵的数据，可以提供给研究人员参考；有些紧跟科技潮流的水务公司，可能会在水龙头上安装传感器，某些卫生组织希望通过这些传感器追踪洗手的频率，为将来制定政策收集数据，但由于这些传感器的数据只属于这家公司，而无可奈何。

显然在这个过程中，物联网的数据没有很好地分享到需要的人手中。这一方面是因为这些公司没有意识到市场对物联网数据的渴求，另一方面，物联网也缺乏一个很好的分享、交易的商业模式。一些云平台，如Xively、Thingspeak、Thingful支持个人分享传感器数据，但由于没有提供对数据拥有者的奖励机制，因而他们不愿意提供具有良好结构并持续稳定的元数据。

因此我们需要建立一个基于物联网的全球数据市场来进行数据交易。这时有人提出了一个奇妙的设想：既然是传感器为我们提供的数据信息，是不是可以直接向传感器支付费用呢？

2014年，两位瑞士的学者发表了论文《如何通过比特币交换传感器数据并实现传感器自盈利》，其中就提到了这样的设想：建立一个由传感器端、请求端、传感器库组成的系统，在这个系统中，传感器可将其测量的数据上传至世界范围的数据市场中，利用比特币区块链进行数据交易。

而这正是Tilepay在做的，整合全球IoT数据，实现设备自盈利，建立传感器之间去中心化的"支付宝"。这家公司开发了一个基于比特币区块链的、去中心化的支付系统SPV（Simplfied Payment Verification），通过这个系统，硬件设备或者传感器能够快速加入到区块链网络。只需要填写硬件设备传感器的IP地址，即可注册硬件设备。注册后，所有物联网设备都会有一个独一无二的令牌，并用来通过区块链技术接收支付。Tilepay还将建立一个物联网数据交易市场，使大家可以购买物联网中各种设备和传感器上的数据，并以 P2P的方式保证数据和支付的安全传输。SPV系统不仅有

Windows客户端，还有iOS和安卓移动端的钱包，可以在移动端方便地管理自己名下的物联网设备和虚拟货币。

想象一下，区块链和物联网结合之后，每个传感器都可以进行数据交易。一个私有的气象监测站下属的空气质量传感器，可以通过Tilepay搭建的平台实时出售当前的空气质量数据，任何人和单位都可以通过应用程序购买它的当前数据、查询空气质量，类似耐克等运动应用就可以购买该数据，并为其用户提供无污染的跑步路线。

再试想一下，无数的设备、传感器都连接到区块链上，机器与机器之间自己沟通，机器自己付账、自动工作。那会是一个怎样的景象。智能硬件最大的问题就是数据共享，区块链正好弥补了这一点，卯榫相合，前景巨大。通过区块链，物联网能真正实现数据去中心化共享，"机器——人"的服务共享。让每个人都可以利用这些数据做科研或者改善生活。物联网走向物链网，同时拓宽了区块链和物联网的市场，彻底颠覆我们的生活。

当然，梦想是性感的，现实是骨感的。由于物联网技术的复杂性，上下游产业链较长，再加上区块链技术的发展、成熟需要时间，走向智慧物联网世界的路还很长。但现在，Tilepay已经整合了物联网与区块链技术的相关厂家，共同开发并着手制定了相关产业标准。

在软件开发上，Tilepay联合了来自爱沙尼亚的ignite软件开发公司专注于比特币区块链技术和智能合约的开发。另外Tilepay还携手物联网领域的Google：Thingful.net，这家网站汇集了全球无数的物联网传感器实时数据，包括能源、健康、环境、风力、温度、湿度等各方面的传感器实时数据，类似物联网领域的Google搜索引擎。Tilepay将与Thingful.net深度合作，使传感器节点支持Tilepay的协议和功能，可以让设备在Tilepay的去中心化交易市场自动交易自己的数据，并接收比特币或者莱特币的小微付款，这些付款收入属于设备的持有人。

在硬件产业链上，Tilepay主要和上文提到的Filament公司（当时名为Pinoccio）合作开发区块链网络，使Filament公司的所有开源硬件都可以加入到Tilepay的网络里面。此外，Tilepay还与Cryptotronix、ATMEL等硬件制造商和智能穿戴设备开发商Nymi合作，为物联网领域带来基于比特币区块链的硬件小微支付方案。Tilepay在实现设备自盈利的道路上，留下了一个又一个坚实的脚印。

区块链对于物联网的最大意义在于在海量的智能设备之间建立了低成本的、互相直接沟通的桥梁，同时又通过去中心化的共识机制，提高了系统的安全性和私密性。基于区块链技术的智能合约技术，又将智能设备变成了可以自我维护和调节的独立个体。优势互补，区块链和物联网的联合，将带来更智能的生活。

5.7
构建基于信用的下一代互联网

5.7.1　经济、金融的核心是信用

所有的经济交易活动，都是建立在信用的基础之上。没有信用，交易就特别困难，交易成本也会很高。

在久远的古代，信用空白，交易形式或者是物物交换，或者是物品与金属货币之间的交换。在此场景下，交易简单，交易效率低，没有法定货币，没有远期合同，更没有股权交易。

近代以来，随着现代国家的出现，法定纸币成为主要的货币，商品交易也简单了很多。纸币大多数情况下是以国家信用为基础的，所以能被交易各方所接受。但我们也看到，在国家滥发货币，或者政权面临崩溃的情况下，法定纸币会重新被金属货币所抛弃，或者重新回归物物交换。因此，稳定币值，就是稳定国家信用，对于经济、政治的稳定十分重要。

在现代社会，信用体系的建立，不仅仅是货币，更重要的是整个金融体系的信用创造。

商业银行在国家监管机构的监管下，常常被认为是值得信赖的机构，所以只用很低比例的资本金，理论上就能吸收到无上限的存款，为整个金融体系提供了随存随取的流动性，商业银行出具的票据、保函、存款证明书、授

信承诺等被广泛接受。商业银行是金融体系信用的基础，如果单个商业银行陷入了信用危机，则立即陷入流动性困难，面临倒闭。整个商业银行体系面临信用危机，则整个经济体将陷入交易无法执行的困境。离开信用，商业银行寸步难行，因此商业银行把维护信用作为第一要务。

证券市场中，交易之所以能够进行，也是基于信用。无论债权，还是股票，只是一张纸，或者计算机系统中的一串数字，没有信用则一文不值。证券市场的信用，是基于在交易中起着重要作用的金融机构和专业服务机构的信用。交易所、证券登记结算公司、证券公司、信用评级公司、会计师事务所、律师事务所，只有投资者对这些机构产生了信任，才可能发生交易。投资者认为交易数据真实可靠，系统数据不会错误、丢失或者被篡改，专业服务机构尽职忠诚，发行证券的主体的基本情况已经被会计师事务所、律师事务所、证券公司和交易所核实确认，才敢于去投资股票、债券等金融产品。以上机构的信用构成了证券市场的信用，证券市场没有信用，则欺诈较多，证券市场就发展不起来，这是很浅显的道理。

保险市场也有类似的道理。保险公司受到法律监管，并遵从资本充足率的约束。投资者对保险机构的信任，是投保的前提。

金融依赖于信用。为了维持金融市场的信用，金融机构一般是国家特许经营，并且受到严格监管。在互联网时代，出现了一些新型的金融机构，虽然对于这些机构的监管规则不够健全，甚至没有监管，但是这些机构仍然依赖于信用，他们通过各种方式来建立自己的信用基础。

金融之外的经济活动，交易双方也是以信用为基础的。在市场经济和民营企业比较发达的东南沿海地区，因为企业信用较好，交易成本较低，较低的交易成本有利于经济繁荣。

5.7.2 传统条件下的高信用成本

所有金融机构都依赖于信用，为了维持信用，往往采取以下行动：与政府、央行、监管机构保持良好的关系，获得支持；购买、建设或者租用豪华大楼，装修豪华的营业厅；金融机构的员工往往要求高学历，专业谨慎；做好信息公开，公布主要的经营数据；聘请名人代言，做好宣传广告和商业赞助，加强媒体关系沟通，及时应对公关危机；聘请著名的专家学者加入董事会，或者作为顾问，获得背书加分；进行外部审计，外部评级，通过有信用的第三方背书获得信用；最重要的，还是合法、审慎经营，健全内控，建设完善的风险管理体系。整个金融体系维护信用的成本很高，在其经营成本中占有很大的比重。

经济活动、金融活动的其他参与者，如企业和居民，也有巨大的信用成本。例如，很多企业都要支出很大的费用建设品牌，品牌的价值就是让消费者产生信任。例如，很多企业主、职业人士都要用名车和一身名牌来包装自己，其中很重要的目的就是让不熟悉的合作伙伴相信其经济实力。很多公司租用高级写字楼，商务人士出差选住高级宾馆，固然有享用高服务品质的一面，另一面也是为了让合作伙伴对其公司的能力产生信任。

但无论如何，产生信用的成本在传统的技术条件下，是巨大的，是很多小金融机构、小企业难以承受的。但在互联网条件下，产生信用的成本在快速降低。

5.7.3 大数据降低信用成本

互联网时代，随着大数据的应用，整个社会的信用体系已经有了很大的变化。不管是金融机构，还是企业、个人，他们的信用情况将会更加透明。

以个人为例，个人的资产、负债、职业、信用记录，个人在互联网平台的各种交易记录等信息，已经越积越多，完全可以应用到各种交易场合，特别是金融交易的场景。试图用外在的形象包装，比如使用奢侈品、开名车，来掩盖个人的信用缺失，或者伪造职业身份信息，难度会越来越大，各种数据服务公司和安全服务都可以立即戳破低级的谎言。不仅网络借贷业务需要核实身份与信用信息，其他一些重要的交易和申请，也会使用大数据来验证交易对方提供的数据的可靠性。比如网络征婚或者加入高级俱乐部，比如申请MBA入学，比如加入房屋共享平台，比如租赁相机、汽车等贵重物件设备，等等。

企业的数据也越来越多，企业的基本信息、银行征信、纳税情况、五险一金缴纳情况、诉讼情况、消费者投诉记录，以及在网络上被投诉的信息等，都可以判断出一个企业的基本情况。这些信息，最终不但可以被金融机构信贷决策时使用，而且可以被更多的经济活动参与者，甚至被普通的消费者、投资者所运用。我们在电商平台购物时，已经可以获得一部分的店主的信息，虽然不够完整齐全，但相对于传统的交易方式，消费者已经知道了更多。当然，企业的信息透明，还有很远的路要走，至少目前国内中小企业的会计报表质量很低，这是国内信用环境糟糕的重要原因之一。

互联网时代的金融机构，已经有办法获得更多的企业和个人信息，不过金融机构本身的数据除了依照法律需要进行信息披露以外，很少与公众分享。金融机构由于其本身的复杂性、专业性，其信用水平、经营情况并非普通消费者所能判断。尽管金融市场本身给出了参考性的指标，比如有没有上市，股价如何等，但是，金融机构本身的问题仍然是可以被隐藏、粉饰和掩盖的，真实的数据只有金融机构本身才有，仍然可以包装粉饰，这也是目前比较突出的问题。在法律和政策的保护下，效率不高的金融机构的问题没有暴露，苟延残喘，导致了整个金融体系的效率低下。金融机构的信用水平，其实只有进行同业交易的同业机构和投资银行最了解，他们进行专业的分析，得出有证据的结论。当然，专业审计、分析、咨询、评级机构也有这种能力，不过所有的结论一般不向市场公开。

互联网时代，我们有更多的数据来源，数据集成分析成为可能，因而可以具备更完整的刻画企业、个人和金融机构的总体情况的能力。在信用情况透明、公开，可低成本查询的时候，建立信用的唯一途径是踏实经营、认真履约，而外在的豪华包装越来越难以掩饰糟糕的信用。建立信用的成本在降低，而掩盖糟糕信用的成本在增高。

然而，在大数据时代，数据的真实性问题依然存在。某些有权力或者技术的人，可以制造数据，篡改数据，或者消灭数据。大数据可以总体上给出信用评价的水平，但是可能不够准确，因为基础的数据来源存在真实性、完整性问题。

5.7.4　区块链开启新的信用时代

在区块链协议下，数据呈现分布式存储，有不可篡改删除、可验证等重要特点。

区块链首先带来的是交易方式的改变，数据存储的去中心化，也会带来交易的去中心化，双边、多边交易不再依赖于唯一的清算中心。交易的去中心化，会使得交易更加平等。

更重要的是，区块链将开启新的信用时代，说谎将无比困难。任何人都无法篡改其历史数据，而历史数据又公开分享在区块链中，信用更加坚固。然而，要想让区块链技术真正地解决信用问题，却没那么容易，至少面临以下5个问题。

（1）历史数据如何承接和转化。已有的不按照区块链产生的数据，如何与新区块链协议的数据进行互通。

（2）可以预见，区块链技术将率先在金融等安全性要求很高的领域先行试用，而海量的数据仍然是现有技术下的数据，区块链下的可靠数据有限。

（3）区块链的分布式记账方式，能够覆盖主要的经济和金融交易领域，并能够被网络化共享，其前提是区块链技术的成本足够低。

（4）区块链技术的大规模应用，需要政府推动。只有中央银行、财政部等国家主要的经济管理部门牵头，制定区块链协议的规范，并以法律的形式要求金融交易、不动产交易、重要的动产交易采用区块链技术，区块链才会快速推广。

（5）如何平衡信息共享和隐私保护，在区块链时代，会成为一个关键问题。信息保护和信息分享的立法推动和完善，将是区块链时代的大数据商用的前提。

[1] Satoshi Nakamoto. "Bitcoin: A Peer-to-Peer Electronic Cash System." 2008. https://bitcoin. org/bitcoin.pdf.

[2] Wei Dai. "A Scheme for A Group of Untraceable Digital Pseudonyms to Pay Each Other With Money And to Enforce Contracts Amongst Themselves Without Outside Help." "B-money", 1998. http://www.weidai.com/bmoney.txt.

[3] H. Massias，X.S. Avila and J.-J. Quisquater. "Design of a secure timestamping service with minimal trust requirements". May 1999. In 20th Symposium on Information Theory in the Benelux.

[4] "Block". March 4, 2016. https://en.bitcoin.it/wiki/Block.

[5] "Block hashing algorithm". December 12, 2015. https://en.bitcoin.it/wiki/Block_hashing_ algorithm.

[6] "Genesis block". November 5, 2015. https://en.bitcoin.it/wiki/Genesis_block.

[7] S. Haber，W.S. Stornetta. "How to time-stamp a digital document," In Journal of Cryptology, vol 3, No.2, pages 99-111, 1991.

[8] D. Bayer, S. Haber, W.S. Stornetta. "Improving the efficiency and reliability of digital time- stamping," In Sequences II: Methods in Communication, Security and Computer Science, pages 329-334, 1993.

[9] S. Haber, W.S. Stornetta. "Secure names for bit-strings," In Proceedings of the 4th ACM Conference on Computer and Communications Security, pages 28-35, April 1997. on Computer and Communications Security, pages 28-35, April 1997.

[10] Leslie Lamport, Robert Shostak Marshall Pease. "The Byzantine General Problem." 1982.

[11] A. Back. "Hashcash – a denial of service counter-measure." 2002. http://www.hashcash. org/papers/hashcash.pdf.

[12] R.C. Merkle. "Protocols for public key cryptosystems." April 1980. 1980 Symposium on Security and Privacy, IEEE Computer Society, pages 122-133.

[13] S. Haber, W.S. Stornetta. "Secure names for bit-strings." April 1997. In Proceedings of the 4th ACM Conference on Computer and Communications Security, pages 28-35.

[14] Vitalik Buterin. "Merkling in Ethereum." November 15, 2015. https://blog.ethereum. org/2015/11/15/merkling-in-ethereum/.

[15] Daniel Cawrey. "Are 51% Attacks a Real Threat to Bitcoin?" June 20, 2014. http://www. coindesk.com/51-attacks-real-threat-bitcoin/.

[16] "Cold storage". https://en.bitcoin.it/wiki/Cold_storage.

[17] Joseph Poon and Thaddeus Dryja. "The Bitcoin Lightning Network: Scalable Off-Chain Instant Payments." July 17, 2015. http://8btc.com/doc-view-60.html.

[18] Vitalik Buterin. "Bitcoin Multisig Wallet: The Future of Bitcoin." March 13, 2014. https:// bitcoinmagazine.com/articles/multisig-future-bitcoin-1394686504.

[19] Leo Assia, Vitalik Buterin, Leor Hakim and Meni Rosenfeld. "BitcoinX". https://docs. google.com/document/d/1AnkP_cVZTCMLIzw4DvsW6M8Q2JC0lIzrTLuoWu2z1BE/edit.

[20] Andreas M.Antonopoulos (O'Reilly). "Mastering Bitcoin". 2015, 978-1-449-37404-4.

[21] Vitalik Buterin. "On Public and Private Blockchains." August 7, 2015. https://blog. ethereum.org/2015/08/07/on-public-and-private-blockchains/.

[22] Y. Liu and C. Liu. "Negative entropy flow and the life-cycle of a severe tropical storm." Atmospheric Research, vol. 93, pp. 39-43, 7, 2009.

[23] Blockchain Technology: Preparing for Change. 2016 Available: https:// www.accenture.com.

[24] Technical report by the UK government chief scientific adviser[Online]. February 21, 2016. Available: https://www.gov.uk/government/uploads/system/uploads/attachment data/ file/492972/gs-16-1-distributed-ledger-technology.pdf.

[25] M. Komaroff. "The Future of the Internet". 2008.

[26] "IBM Delivers Blockchain-As-A-Service for Developers; Commits to Making Blockchain Ready for Business[Online]." Available: http:// www.prnewswire.com/news-releases/ibm-delivers-blockchain-as-a-service-for-developers-commits-to-making-blockchain-ready-for-business-300220535.html.

[27] "IBM Unveils New Cloud Blockchain Service[Online]." 2016. Available: https://www.btckan.com/news/topic/20997.

[28] D. Bandini. "IBM brings Blockchain into the cloud and hands of developers." 2016. Available: https://developer.ibm.com/dwblog/ibm-brings-blockchain-to-cloud-and-developers/.

[29] S. Brakeville and B. Perepa. "Blockchain basics: Introduction to business ledgers." 2016. Available: http://www.finyear.com/Blockchain-basics-Introduction-to-business-ledgers_a36159.html.

[30] M. Weiss. "How Bitcoin's Technology Could Reshape Our Medical Experiences." June 27, 2015. Available: http://exchanger-bitcoin.com/how-bitcoins-technology-could-reshape-our-medical-experiences/.

[31] P. B.Nichol. "Blockchain applications for healthcare." March 17, 2016. Available: http://www.cio.com/article/3042603/innovation/blockchain-applications-for-healthcare.html.

[32] Megan Williams. "Blockchain And Big Data: A Solution To Healthcare's Biggest Problem." May 19, 2016. http://www.bsminfo.com/doc/blockchain-big-data-solution-healthcare-biggest-problem-0001.

[33] E. v. d. Hoek. "Defining A Legal Framework For Decentralized Autonomous Organizations (DAO)." 2016. Available: http://unseamlessness.org/defining-a-legal-framework-for-decentralized-autonomous-organizations-dao.

[34] Blockchain: A New Economic Blueprint. Available: http://book.chainb.com/.

[35] Morgan, P. "Using Blockchain Technology to Prove Existence of a Document." Empowered Law, accessed December 05, 2014. http://empoweredlaw.wordpress.com/201blockchain-technology-to-prove-existence-of-a-document/.

[36] Ram. "Proof of Existence." August 2, 2015. http://www.newsbtc.com/proof-of-existence/.

[37] Kirk, J. "Could the Bitcoin Network Be Used as an Ultrasecure Notary Service?" Computer- world, May 23, 2013. http://www.computerworld.com/article/2498077/desktop-apps/could-the- bitcoin-network-be-used-as-an-ultrasecure-notary-service-.html.

[38] October 30, 2015. http://www.bitnet.cc/iot0004/.

[39] Nick Szabo. "The Idea of Smart Contracts." 1997. http://szabo.best.vwh.net/smart_contracts_idea.html.

[40] Richard Brown. "A Simple Model For Smart Contracts." February 10, 2015. https://gendal.me/2015/02/10/a-simple-model-for-smart-contracts/.

[41] Jay Cassano. "What Are Smart Contracts? Cryptocurrency's Killer App". September 17, 2014. http://www.fastcolabs.com/3035723/app-economy/smart-contracts-could-be-cryptocurrencys-killer-app.

[42] Malte Möser, Ittay Eyal, and Emin Gün Sirer. "How to Implement Secure Bitcoin Vaults." February 26, 2016. http://hackingdistributed.com/2016/02/26/how-to-implement-secure-bitcoin-vaults/.

[43] Reid Williams. "How Bitcoin's Technology Could Make Supply Chains More Transparent." May 31, 2015. http://www.coindesk.com/how-bitcoins-technology-could-make-supply-chains-more-transparent/.

[44] Gendal. "Identity and The Blockchain: Key Questions We Need to Solve." December 03, 2014. https://gendal.me/2014/12/03/identity-and-the-blockchain-key-questions-we-need-to-solve/.

[45] William Mougayar. "Why Fragmentation Threatens the Promise of Blockchain Identity." March 18, 2016. http://www.coindesk.com/fragment-blockchain-identity-market/.

[46] Morgenpeck. "You too Can Get Married on The Blockchain." December 4, 2015. https://medium.com/backchannel/you-too-can-get-married-on-the-blockchain-27cf39ab7f95#.t4l9avtl3.

[47] Luke Parker. "Cryptid open source identification system uses the blockchain to revolutionize ID." December 7, 2015. http://bravenewcoin.com/news/cryptid-open-source-identification-system-uses-the-blockchain-to-revolutionize-id/.

[48] https://www.augur.net/.

[49] Ian Allison. "Ethereum prediction market Augur teams up with blockchain security experts Airbitz." June 6, 2016. http://www.ibtimes.co.uk/ethereum-prediction-market-augur-teams-blockchain-security-experts-airbitz-1563842.

[50] Openbazaar. "What is OpenBazaar?" August 19, 2014. https://blog.openbazaar.org/what-is-openbazaar/.

[51] William Mougayar. "The Old Cloud is Dead, Welcome to the New Blockchain Cloud." July 2, 2015. http://bravenewcoin.com/news/the-old-cloud-is-dead-welcome-to-the-new-blockchain-cloud/.

[52] Joseph Young. "Sia Launches Decentralized Blockchain-based Storage Platform Similar to Filecoin and Storj." December 2, 2015. https://bitcoinmagazine.com/articles/sia-launches-decentralized-blockchain-based-storage-platform-similar-to-filecoin-and-storj-1449082814.

[53] Michael Mainelli & Chiara von Gunten. "Chain Of A Lifetime: How Blockchain Technology Might Transform Personal Insurance." Long Finance，December 2014, 51 pages.

[54] Ethereum. "A Next-Generation Smart Contract and Decentralized Application Platform". Web. https://github.com/ethereum/wiki/wiki/White-Paper.

[55] "Maker Whitepaper". Web. https://makerdao.github.io/docs/.

[56] "Augur Docs". Web. http://docs.augur.net/.

[57] Christoph Jentzsch. "Decentralized Autonomous Organization to Automate Governance". Web. https://download.slock.it/public/DAO/WhitePaper.pdf.

[58] "A decentralized exchange built on Ethereum ". Web. https://github.com/etherex/docs/blob/master/paper.md

[59] "Oraclize Docs". Web. http://docs.oraclize.it/.

[60] Factom. "Fctom: Business Processes Secured by Immutable Audit Trails on the Blockchain". November 17. 2014. Web. https://github.com/FactomProject/FactomDocs/blob/master/Factom_Whitepaper.pdf.

[61] http://trends.baidu.com/worldcup/events/knockout.

[62] Fabian Schuh, Daniel Larimer. "Bitshares 2.0: General Overview". December 18, 2015. Web. http://docs.bitshares.org/_downloads/bitshares-general.pdf.

[63] David Schwartz, Noah Youngs, Arthur Britto. "The Ripple Protocol Consensus Algorithm". 2014. Web. https://ripple.com/files/ripple_consensus_whitepaper.pdf.

[64] "Hyperledger Whitepaper". Hyperledger. June 22, 2016. https://github.com/hyperledger/hyperledger/wiki/Whitepaper-WG.

[65] "Blockchain: The Trust Machine." October 31, 2015. Available: www.economist.com.

[66] M. Swan. "Blockchain Thinking : The Brain as a Decentralized Autonomous Corporation [Commentary]." IEEE Technology and Society Magazine, vol. 34, pp. 41-52, 2015.

[67] Yu Zhang and J. Wen, The IoT electric business model: Using blockchain technology for the internet of things[Online], 2016. Available: http:// link.springer.com/article/10.1007/s12083-016-0456-1.

[68] Tilepay introduction. Available: http://www.tilepay.org/.